Padre Nuestro:
Biblia, Liturgia y
Tradición oriental

© *Copyright 2025. José María Pardo Sáenz, Francisco Varo Pineda, Félix María Arocena*
y Francisco José López Sáez
Ediciones Universidad de Navarra, S.A. (EUNSA)

Primera edición: noviembre 2025

ISBN 978-84-313-4076-6
DL NA 2090-2025

Printed in Spain – Impreso en España por Podiprint

Ediciones Universidad de Navarra, S.A. (EUNSA)
Campus Universitario • Universidad de Navarra • 31009 Pamplona • España
+34 948 25 68 50 • www.eunsa.es • eunsa@eunsa.es

Cupón para la Biblioteca Virtual

Accede a la versión eBook de este título por solo **1,99 €**. Con la compra de este libro puedes utilizar el siguiente cupón para la lectura en *streaming** desde la Biblioteca Virtual. **Sigue estas instrucciones** para visualizar tu libro:

1. Dirígete a la web de la Biblioteca Virtual **https://ebooks.eunsa.es/library**.

2. En la web ve a **Iniciar sesión** e introduce tu email y contraseña. Si no estás registrado, deberás completar el proceso en **Registrarse**.

3. Tras registrarte, accede a la página del libro o lee el QR de esta página. Bajo el precio podrás **insertar el código oculto en el siguiente cupón** para activar la promoción.

Despegue para visualizar

Acceso directo al eBook

No se admitirá la devolución del libro si el código promocional ha sido manipulado.

Canjéalo en ebooks.eunsa.es

*Con acceso a internet desde cualquier navegador.

Colección
Meditar la Biblia

Padre Nuestro: Biblia, Liturgia y Tradición oriental

José María Pardo Sáenz, Francisco Varo Pineda,
Félix María Arocena y Francisco José López Sáez

EUNSA

ÍNDICE

Introducción

El presente volumen recoge las contribuciones de los tres ponentes invitados a la Jornada Académica dedicada a la oración que Jesús nos enseñó: el *Padre Nuestro*. Dicha Jornada tuvo lugar en la Facultad de Teología de la Universidad de Navarra el siete de noviembre de 2024.

El evento respondió a la llamada del papa Francisco, quien dedicó dicho año a meditar sobre el *Padre Nuestro*, como preparación espiritual para el Año Santo de la Esperanza de 2025.

La oración del *Padre Nuestro* constituye una de las expresiones más profundas de la fe cristiana. No es únicamente una fórmula piadosa repetida por los discípulos de Cristo, sino una auténtica guía de vida, que orienta la relación diaria del creyente con Dios y con sus hermanos.

En el evangelio de san Mateo, Jesús enseña a orar así: «Vosotros, pues, orad así: Padre nuestro que estás en los cielos, santificado sea tu Nombre; venga tu Reino; hágase tu voluntad, como en el cielo, así también en la tierra. Danos hoy nuestro pan cotidiano. Y perdónanos nuestras deudas, como también nosotros perdonamos a nuestros deudores. Y no nos pongas en tentación, sino líbranos del mal» (Mt 6, 9-13).

Sus palabras son, ante todo, un acto de alabanza y una expresión de humildad. Reconocemos en Dios a un Padre cercano y amoroso, y en nosotros a hijos necesitados de su gracia. Una oración que nos invita a abrir el corazón y a confiar plenamente en Él.

San Juan Pablo II, en el Mensaje para la XIV Jornada Mundial de la Juventud de 1999, escribió: «Desde entonces es posible una nueva relación entre el Creador y la criatura, es decir, la relación del hijo con su Padre: a los discípulos que quieren conocer los secretos de Dios y piden aprender a rezar para encontrar apoyo en el camino, Jesús les responde enseñándoles el *Padre nuestro*, "síntesis de todo el Evangelio" (Tertuliano, *De oratione*, 1), en el que se confirma nuestra condición de hijos». Con esta sencilla pero poderosa súplica, el santo subraya la confianza con la que podemos dirigirnos a Dios.

El papa Francisco también ha reflexionado sobre *El Padre Nuestro*, destacando cómo nos une con Dios y con los demás. En una de sus catequesis de 2019, recordaba: «El "Padre Nuestro" es una oración audaz, porque Jesús nos invita a pedir que se realice el proyecto de Dios en nosotros. Esto implica la valentía de confiar en Él y permitirle que nos guíe a donde desee. Nos invita a pedir con insistencia y confianza, sabiendo que nuestro Padre nos ama y escucha nuestras necesidades».

El texto que tiene entre sus manos se articula en torno a tres miradas complementarias sobre el *Padre Nuestro*. Comienza con un estudio bíblico que analiza la oración de Jesús en los Evangelios, después se explora el lugar que ocupa esta oración en la Liturgia y, por último, se aborda su recepción y desarrollo en la tradición oriental.

A modo de conclusión de esta breve introducción, quisiera expresar una vez más mi agradecimiento y felicitación a los tres profesores que participaron en la Jornada y que ahora ofrecen sus reflexiones por escrito.

Y a vosotros, estimados lectores, deseo que este libro os ayude a profundizar e interiorizar con mayor hondura la oración que Jesús nos enseñó.

José María Pardo Sáenz

Facultad de Teología

Universidad de Navarra

jmpardo@unav.es

I. El Padrenuestro en los Evangelios. Texto y contexto

El Padrenuestro es la oración cristiana por excelencia. La cuarta y última sección del Catecismo de la Iglesia Católica, citando a Tertuliano, afirma que «la oración dominical es en verdad el resumen de todo el Evangelio» (n. 2761) y propone la meditación de cada una de sus partes como guía segura para adentrarse en la vida de oración.

Desde la época patrística hasta hoy se han escrito cientos de comentarios, de modo que sería ingenuo pensar que en pocas páginas se puede realizar un comentario definitivo de este texto. Lo único que pretendemos es ofrecer, brevemente, una glosa de esta oración tal y como viene formulada en los Evangelios, con algunas pinceladas acerca de su contexto bíblico, que puedan ayudar a comprender mejor algunos matices. Por eso, iremos aludiendo con frecuencia, aunque de modo breve, a la conexión del Padrenuestro con algunos textos relevantes de la tradición bíblica.

Dos versiones, Mateo y Lucas

Recordemos de entrada, como es bien conocido, que en la Sagrada Escritura tenemos dos versiones de esta oración, una en el evangelio según san Mateo (6,9-13) y otra en san Lucas (11,2-4)[1].

Ambas versiones tienen una estructura similar[2]:

1. Comienzan con una invocación al Padre, que vendrá seguida de dos series, la primera de deseos y la segunda de peticiones.

---

1. También en la Doctrina de los Doce Apóstoles hay una versión, muy similar a la del Evangelio según Mateo. Dice así: «Padre nuestro que estás en el cielo, santificado sea tu nombre, venga tu reino, hágase tu voluntad como en el cielo también en tierra. Nuestro pan de cada día danos hoy, y perdónanos nuestra deuda como también nosotros perdonamos a nuestros deudores. Y no nos lleves a la tentación sino líbranos del Maligno. Porque tuyo es el poder y la gloria por siempre. Rezad de esta manera tres veces al día» (*Didajé* 8,1-3). Cf. J. F. Baudoz, et al., *La oración del Señor (Mt 6,9-13; Lc 11,2-4)*, Estella: Verbo Divino, 2008, 18.

2. Cf. M. Crimella, *Padre nuestro. La oración de Jesús en los Evangelios*, Salamanca: Sígueme, 2022, 17-18.

2. La primera serie son deseos (tres en Mateo, dos en Lucas), que expresan aspiraciones en sintonía con lo que Dios merece y lo que cabe esperar de él. En ellos se utiliza repetidamente el pronombre posesivo de segunda persona del singular, «tu».

3. La segunda serie son peticiones (cuatro en Mateo y tres en Lucas), que se refieren a las necesidades de los orantes, y utilizan preferentemente el pronombre de primera persona del plural, «nosotros».

En cuanto a las diferencias se puede observar que:

1. Mateo comienza con la invocación «Padre nuestro», mientras que Lucas lo hace simplemente con el vocativo «Padre».

2. Hay varios deseos y peticiones coincidentes en ambos evangelios. En esos casos tienden a usar las mismas palabras, aunque hay algunas diferencias en su formulación: Mateo habla de «deudas», mientras que Lucas menciona en su lugar los «pecados». Además, la petición del «pan» Mateo la hace mediante un imperativo aoristo, un tiempo verbal que en griego indica una petición puntual: «da», mientras que Lucas la hace usando el presente, que en griego apunta a una acción durativa que se prolonga en el tiempo: «da siempre», «no dejes de dar».

3. Además, Mateo añade al final de los deseos uno que no está en Lucas: «hágase tu voluntad en la tierra como en el cielo», y al final de las peticiones otra que tampoco está en Lucas: «y líbranos del mal».

En realidad, ambas formulaciones, aunque son bastante parecidas, deberían ser tratadas por separado ya que cada una de ellas tiene su propia personalidad y su peculiar sentido dentro del evangelio correspondiente. Aunque eso requeriría un escrito de mayor extensión que la permitida en estas páginas.

Por tanto, ahora, una vez mencionadas muy brevemente las coincidencias y diferencias entre ambas, nos vamos a centrar en la versión del evangelio según san Lucas, que es la más simplificada y, según algunos autores, más cercana al «original» tal y como pudo ser pronunciada por Jesús[3]. Aunque esto merecería una mayor discusión[4].

---

3. Cf. H. SCHÜRMANN, *El destino de Jesús: su vida y su muerte*, Salamanca: Sígueme, 2003, 38 y sus referencias. También BAUDOZ ET AL., *La oración del Señor...*, o.c., 5: «Generalmente se admite que el texto de Lucas, porque es más breve, se corresponde más con la forma original del texto. Sería difícil imaginar que se hubiera podido abreviar la oración del Señor. Por contra, es probable que el texto contara con añadidos en función de su empleo litúrgico».

4. Otros autores consideran más cercana al «original» pronunciado por Jesús la versión de Mateo (cf. W. KASPER, *Padre Nuestro: la revolución de Jesús*, Maliaño, Cantabria: Sal Terrae, 2019, 12).

En todo caso, el mismo hecho de que el Padrenuestro nos haya llegado en versiones distintas pone de manifiesto que los discípulos de Jesús no pusieron especial empeño en trasmitir una única formulación como si el Maestro hubiera querido enseñar una oración con una fórmula fija para repetir al pie de la letra[5]. Su intención era otra: abrir su intimidad para mostrar a grandes rasgos cómo era el tono de su oración, de modo que pudiéramos aprender a orar como él lo hizo.

El Padrenuestro según san Lucas

Contexto

En Lucas, la oración de Jesús tiene un contexto muy diferente al que tiene en Mateo. Allí el Padrenuestro aparecía dentro de un sermón de Jesús, el de la montaña, donde se habla del comportamiento del hombre justo que cumple la ley de Dios en plenitud[6].

En cambio, la versión de Lucas viene como respuesta a la petición que los discípulos de Jesús le hacen para que les enseñe a orar (11,1). E inmediatamente después del Padrenuestro, en Lucas siguen unas parábolas sobre la necesidad de orar con perseverancia (11,8-13).

Mientras que en Mateo la atención se centraba en la oración sencilla y secreta como medio para cultivar la rectitud en la vida de un discípulo (orar para aprender), en Lucas el Padrenuestro forma parte de la enseñanza de Jesús sobre la oración en sí y sobre cómo orar (aprender a orar)[7].

Quizá lo más importante del contexto anterior de Lucas es que hace notar que Jesús mismo estaba rezando y sus discípulos lo observaban con respeto y sin querer interrumpir su oración, por eso esperan a que termine para hacerle su petición: «enséñanos a orar». No le piden que les enseñe una plegaria que puedan repetir fácilmente de memoria, sino que le están pidiendo algo de mucho más amplio alcance: que les enseñe a hacer oración[8].

---

5. Cf. E. Ronchi, *El canto del pan. Meditación sobre el Padrenuestro,* Salamanca: Sígueme, 2005, 17.

6. Cf. S. Th. Pinckaers, *En el corazón del Evangelio: el «Padre nuestro»,* Bilbao: Desclée de Brouwer, 2004; 25 y S. Sabugal, «La redacción mateana del Padrenuestro», *Estudios eclesiásticos* 58 (1983) 307-329, 308-310.

7. Para un análisis más detallado de los contextos de Mateo y Lucas, cf. J. H. McNeel, «Praying to learn, learning to pray: Reading the Lord's Prayer in context», *Review & Expositor* 118,4 (2021) 507-512.

8. Cf. McNeel, «Praying…», 510-511.

Esta escena no sorprende a los lectores de Lucas. Antes de llegar a este punto del relato, se ha mencionado varias veces que Jesús hacía oración (3,21; 6,12; 9,18.28; y 10,21-22), y sus lectores ya saben que tenía la costumbre de retirarse a orar con regularidad (5,16)[9]. La oración es el modo de conectar con Dios. Para Lucas, la oración es una parte esencial de la vida de Jesús y, por tanto, también debe serlo en la vida de sus seguidores. Al igual que quienes lo acompañan en el camino se sienten atraídos por su comportamiento y preguntan, los lectores de Lucas harían bien en seguir el ejemplo de los discípulos y aprender a rezar para establecer esa conexión íntima y personal con Dios.

La respuesta de Jesús dará satisfacción cumplida a sus deseos, ya que el Padrenuestro no es una sencilla plegaria sino el modelo de toda oración. En ella se contiene una síntesis apretada de la rica personalidad de Jesús y constituye, a la vez, una clave imprescindible para la lectura de su vida[10].

En cuanto al contexto inmediatamente posterior, ya hemos dicho que siguen dos parábolas sobre la necesidad de orar, que ponen de manifiesto la importancia de que ese trato confiado de diálogo con Dios llegue a ser un hábito persistente de sus discípulos[11].

En la primera de esas parábolas Jesús menciona un personaje que, ante la llegada inesperada de un huésped, al no tener nada que ofrecerle para comer, va a casa de un amigo para que le dé unos panes, pero encuentra a toda la familia dormida y, a pesar de lo intempestivo de la hora y de las dificultades para proporcionárselos, al final consigue lo que necesita (cf. Lc 11,5-8)[12]. Con esta parábola Jesús quiere advertir a sus oyentes que no deben abandonar la oración sucumbiendo a la tentación de pensar que es un monólogo sin respuesta porque nadie la escucha. Al contrario, es necesario insistir sin descanso:

> «pedid y se os dará; buscad y encontraréis; llamad y se os abrirá; porque todo el que pide, recibe; y el que busca, encuentra; y al que llama, se le abrirá» (Lc 11,9-10).

En la segunda parábola Jesús invita a recapacitar sobre la reacción humana de un padre cuando su hijo le pide algo:

---

9. Cf. CRIMELLA, *Padre nuestro…*, o.c., 97.

10. Cf. C. M. MARTINI, *Padre nuestro*, Valencia: Edicep, 2000, 15.

11. Cf. McNEEL, «Praying…», 511.

12. Para una explicación más detallada de esta parabola, cf. J. A. METZGER, «God as F(r)iend?: Reading Luke 11:5–13 & 18:1–8 with a Hermeneutic of Suffering», *Horizons in Biblical Theology* 32,1 (2010), 33–57.

«¿Qué padre de entre vosotros, si un hijo suyo le pide un pez, en lugar de un pez le da una serpiente? ¿O si le pide un huevo, le da un escorpión? Pues si vosotros, siendo malos, sabéis dar a vuestros hijos cosas buenas, ¿cuánto más el Padre del cielo dará el Espíritu Santo a los que se lo pidan?» (Lc 11,11-13).

Si los hombres, aun siendo malos, dan cosas buenas a sus hijos, cuánto más Dios escuchará y hará el bien a aquellos que le han hecho sus peticiones invocándolo como «Padre»[13].

Una vez situados en el contexto en que Lucas nos presenta esta gran lección acerca de la oración, veamos con algo más de detalle la respuesta de Jesús.

«Padre»

El Padrenuestro es una oración sencilla y monumental a la vez, estructurada de manera extraordinariamente objetiva y edificada con elementos sencillísimos, sin ninguna ornamentación. En ella no hay nada superfluo, nada que pueda eliminarse sin causar daños[14].

Todo él está construido estructuralmente con una lógica incomparable en su edificación y sucesión, que no permite ninguna reordenación, ya que en cada caso un elemento sustenta al otro y lo hace comprensible.

Podríamos imaginar el conjunto como cubierto por una cúpula monumental, en la que la invocación «Padre» es como la gran linterna superior que difunde luz e ilumina todo el edificio[15].

De entrada, Jesús nos enseña cómo hemos de invocar a Dios, llamándole «Padre». Esto no es tan obvio como ahora nos lo podría parecer. Si nos fijamos, por ejemplo, en los Salmos, que son ciento cincuenta bellísimas oraciones, observamos que ninguno de ellos comienza de ese modo[16]. Como en seguida veremos, se trata de algo insólito en el Antiguo Testamento y en las oraciones judías antiguas[17]. Hacía falta que Jesús nos lo propusiera y nos diera permiso, e incluso nos alentara, a dirigirnos a Él con esta palabra tan íntima y familiar.

---

13. Cf. Crimella, *Padre nuestro…*, o.c., 100.

14. Cf. Schürmann, *El destino de Jesús…*, o.c., 38 y Pinckaers, *En el corazón del Evangelio*, o.c., 26.

15. Cf. Schürmann, *El destino de Jesús…*, o.c., 38.

16. Cf. Martini, *Padre nuestro*, o.c., 16.

17. Para más información, cf. J. Jeremias, *Abba y el mensaje central del Nuevo Testamento*, Salamanca: Sígueme, ⁴1993, 19-89 y W. Marchel, *Abba, Père: la prière du Christ et des chrétiens: étude exégétique sur les origines et la signification de l'invocation à la divinité comme père, avant et dans le Nouveau Testament*, Rome: Biblical Institute Press, ²1971.

En la Biblia hebrea se utiliza unas quince veces el término Padre referido a Dios. Se lo designa con este nombre al contemplarlo como creador, y por tanto soberano del mundo y de los hombres. Pero también, y principalmente, posee una connotación especial acerca de su relación con el pueblo de Israel. Es padre de Israel porque liberó al pueblo de la esclavitud de Egipto para hacerlo una nación santa, un pueblo de su propiedad[18].

En tiempos de Jesús la designación de Dios como Padre tampoco era frecuente en el judaísmo.

En la literatura rabínica posterior a la era cristiana aumenta un poco su uso, aunque esto se puede deber a que se va extendiendo un nuevo modo de hablar de Dios, con ciertas fórmulas análogas a las empleadas en los evangelios. En algunos textos de esa época aparecen invocaciones al Señor que comienzan con las palabras *abí(nu) she be-shamayim*, esto es «padre mío (nuestro) que estás en los cielos». A pesar de todo, esta designación no termina por imponerse en el judaísmo, como lo manifiesta el hecho de que en la *Misná* y el Talmud apenas se emplea.

Incluso es significativo observar que en el Targum de los profetas se evita llamar «padre» a Dios, hasta el punto de que se traducen al arameo mediante circunloquios las pocas expresiones del Antiguo Testamento en que aparece esa denominación. Además, en todos los casos, a esa paternidad se le da normalmente un sentido colectivo: Dios es padre del pueblo de Israel. En las contadísimas ocasiones en que esos textos hablan de la paternidad de Dios sobre algún individuo concreto, se puede apreciar que el sentido es el siguiente: Dios es padre de ese individuo porque esa persona es miembro de Israel, y Dios es el padre de Israel.

Si se compara la designación de Dios como Padre en la Biblia hebrea y en el judaísmo antiguo con la predicación del maestro de Nazaret, no puede dejar de sorprender que en los evangelios el término «padre» aparezca más de ciento setenta veces en labios de Jesús con relación a Dios, frente a las quince veces que aparecía en toda la Biblia hebrea, y con los matices expuestos. Lo cual, en tan fuerte contraste con lo que era habitual, no puede explicarse si no se remonta su origen al modo de hablar de Dios empleada por el propio Jesús histórico.

Es más, el análisis literario y crítico de los textos evangélicos muestra que cuando Jesús se dirigía a Dios llamándole «padre» muy probablemente utilizaba el término arameo *abbá*. Tenemos un ejemplo muy claro en la oración

---

18. Cf. JEREMÍAS, *Abba...*, o.c., 19-35 y MARCHEL, *Abba, Père...*, o.c., 21-97.

en Getsemaní momentos antes de la Pasión: el *abbá* pronunciado por Jesús es atestiguado por Mc 14,36[19].

Las oraciones judías no pronunciaban nunca la palabra *abbá* referida a Dios, ya que este término tiene su origen en el lenguaje infantil: es un simple balbuceo que ha reduplicado la letra *bet* a imitación de la palabra *imma* con la que se designa a la mamá. Si el término *ab* designa al «padre», la fórmula con reduplicación de la consonante labial *abbá* es el equivalente a «papá». Es una palabra cargada de ternura que desvela un mundo insospechado de afectos, confianza y abandono[20]. Jesús no utiliza fórmulas ni invocaciones solemnes, sino el lenguaje de los niños, el de la casa, el del corazón[21].

En el judaísmo palestinense anterior a Jesús no se encuentra ningún vestigio de una invocación personal a Dios como «padre mío», sino sólo como «padre del pueblo». Por lo tanto, ese modo de hablar que emplea Jesús en su oración al llamar «padre» —es más, «papá»[22]— a Dios constituye una profunda innovación.

Nos encontramos, pues, ante un hecho de extrema importancia. Mientras que no hay ninguna oración judía que invoque a Dios con el nombre de *abbá*, Jesús siempre lo invocó así[23]. Debido a la sensibilidad hebrea habría sido una falta de respeto, algo inconcebible, dirigirse a Dios con un término tan familiar. El que Jesús se atreviese a dar ese paso significa algo nuevo e inaudito. Él habló con Dios como un hijo con su padre, con la misma sencillez, el mismo cariño, la misma seguridad. Cuando Jesús llama a Dios *abbá* estaba abriendo lo más profundo de su intimidad para manifestar el núcleo esencial de su relación con él[24].

Por eso, es relevante que al enseñar el Padrenuestro a sus discípulos Jesús les entregue el poder de decir como él: *abbá*. De hecho, el simple vocativo «Padre» que encontramos en la redacción griega de Lucas debe ser, justamente, una traducción de la forma aramea *abbá* utilizada por Jesús.

---

19. Acerca de los numerosos puntos de contacto entre el Padre nuestro y los relatos de la Pasión, puede verse el estudio de J. N. Neumann, «Thy Will Be Done: Jesus's Passion in the Lord's Prayer», *Journal of Biblical Literature* 138,1 (2019) 161–182.

20. Cf. Martini, *Padre nuestro*, o.c., 16-17.

21. Cf. Ronchi, *El canto del pan…*, o.c., 21.

22. Cf. Kasper, *Padre Nuestro*, o.c., 28.

23. Cf. Pinckaers, *En el corazón del Evangelio*, o.c., 31-32.

24. Más detalles acerca del uso de *abbá* por parte de Jesús, en F. Varo, *Rabí Jesús de Nazaret*, Madrid: BAC, ³2018, 174-177.

Cuando Jesús enseña a sus discípulos a hacer su oración a la luz de esta clave fundamental, nos invita a participar de su relación filial con Dios, nos introduce en una atmósfera de intimidad verdaderamente sorprendente y desacostumbrada.

De hecho, la fórmula litúrgica con la que en la Santa Misa se nos invita a rezar esta oración justifica la gran osadía que supone dirigirnos a Dios con tal familiaridad, recordando que fue Jesús mismo quien nos enseñó a hacerlo: «Fieles a la recomendación del Salvador, y siguiendo su divina enseñanza, nos atrevemos a decir: Padre nuestro…». ¡Hace falta mucha audacia para rezar el Padrenuestro con conocimiento de causa![25]. No es un modo de orar que los hombres hubiéramos sido capaces de inventar.

Si Jesús nos invita a llamar Padre a Dios es porque sabe que tenemos un gran valor para él, y esto nos ayuda a vivir con serenidad, conscientes de que somos entendidos, sostenidos y acompañados por Él, e incluso nos invita a ser atrevidos en nuestra oración, porque si de verdad es Padre, somos libres para hablarle con toda franqueza[26].

Es tan familiar este modo de dirigirse a Dios que cabría el peligro de considerarlo irrespetuoso por lo excesivamente coloquial. Quizá por eso, la versión de Mateo lo reformula en griego con un tono más solemne: «Padre nuestro, que estás en los cielos», marcando la trascendencia de la paternidad de Dios por encima de todos los padres de la tierra.

También es relevante que Mateo añada a la invocación «Padre» el posesivo «nuestro», no «mío». De hecho, en toda la oración del Padrenuestro nunca se dice «yo» ni «mío», porque para orar es necesario liberarse de la tiranía del propio «yo» que tiende a ponerse en el centro de todo, para prestar atención al «tú» (tu nombre, tu reino, tu voluntad) y al «nosotros» (nuestro pan, nuestros pecados, nuestras tentaciones)[27].

Los deseos: «tú»

Lo primero que Jesús sugiere a sus discípulos al orar, una vez que han invocado a Dios como «Padre», es expresar dos deseos esenciales: uno primario y que antecede a todo, «¡Santificado sea tu nombre!»; y otro que es la expresión de lo que máximamente se espera, «¡Venga tu reino!».

---

25. Cf. PINCKAERS, *En el corazón del Evangelio*, o.c., 33.

26. Cf. MARTINI, *Padre nuestro*, o.c., 20.

27. Cf. RONCHI, *El canto del pan…*, o.c., 20.

«Santificado sea tu nombre»

La glorificación del nombre santo de Dios no es un deseo nuevo. Es un motivo teológico que se extiende como hilo conductor a través de todo el libro de Ezequiel[28]. Recordemos simplemente un conocido texto de Ezequiel cuando hace memoria del destierro que ha padecido su pueblo:

> «Al llegar a las diversas naciones, profanaron mi santo nombre, ya que de ellos se decía: "Estos son el pueblo del Señor y han debido abandonar su tierra". Así que tuve que defender mi santo nombre, profanado por la casa de Israel entre las naciones adonde había ido. Por eso, di a la casa de Israel: "Esto dice el Señor Dios: No hago esto por vosotros, casa de Israel, sino por mi santo nombre, profanado por vosotros en las naciones a las que fuisteis. Manifestaré la santidad de mi gran nombre, profanado entre los gentiles, porque vosotros lo habéis profanado en medio de ellos"» (Ez 39,20-23).

En el Antiguo Testamento el Nombre de Dios es un modo de designar a Dios mismo, el Único Santo. De hecho, en los textos rabínicos un modo habitual de referirse a Dios, sumamente respetuoso, es *ha-qadoš baruk hu'* (el Santo, bendito sea). Esta invocación de Jesús expresa, pues, en su sencillez la aspiración de todo el pueblo elegido de que sea reconocida la grandeza y la gloria del Dios verdadero.

No se trata de un deseo más entre otros, sino que precede a todos los demás ruegos y peticiones, y los informa interiormente: «¡Santificado sea tu Nombre!». Aquí está el alma de toda la oración y de cada una de las peticiones: santificar el nombre del Señor.

En las oraciones judías del tiempo de Jesús lo ordinario era dirigirse a Dios con una alabanza divina antes de presentarle ninguna petición ni de hacerle ningún comentario. Así se aprecia, por ejemplo, en una oración espontánea de Jesús ante unos niños: «Yo te alabo, Padre, Señor del cielo y de la tierra, porque has ocultado estas cosas a los sabios y prudentes y las has revelado a los pequeños» (Mt 11,25).

Con este primer deseo, «santificado sea tu nombre», Jesús, para enseñarnos a orar, nos sitúa ante un Dios que tiene «nombre». Es un Dios personal, un «tú» al que se le puede dirigir la palabra para entablar un diálogo con él.

Ahora bien, ¿qué quiere decir con la extraña frase de que Dios ha de ser «santificado»? Implica, desde luego, el reconocimiento de la trascendencia de Dios, separado completamente de lo profano. Pero a la vez, este verbo es equi-

---

28. Cf. N. Lohfink, «El Padre nuestro, rezado de manera intertextual», *Cuestiones Teológicas* 32, 78 (2005), 271–290, 273.

valente en las oraciones judías a otros dos verbos: «engrandecer» y «glorificar»[29].

El verbo «engrandecer» es el que usa María en el Magníficat: «Proclama mi alma las grandezas del Señor» (Lc 1,46). Según esto, «santificar» a Dios significa reconocerlo en toda su soberanía, y tributarle la gloria, el respeto y el honor debido.

También está el verbo «glorificar», que aparece en el evangelio de Juan integrado en una exclamación de Jesús de asombroso parecida con la que ahora comentamos y que ayuda a comprender en qué sentido la entiende Jesús: «¡Padre, glorifica tu nombre!» (Jn 12,28), que es la expresión de un deseo: ¡que se haga patente tu gloria! Y esa gloria se hace patente en su acción salvadora, en su muerte y resurrección[30].

Un pasaje de Isaías puede dar alguna luz acerca de lo que esto significa: «así dice el Señor, que rescató a Abrahán, a la casa de Jacob: Ya no se avergonzará Jacob, ni su rostro palidecerá. Porque cuando sus hijos vean lo que han hecho mis manos con él, santificarán mi Nombre, santificarán al Santo de Jacob, temerán al Dios de Israel» (Is 29,22-23).

«Venga tu reino»

Después de la alabanza, «santificado sea tu nombre», Jesús propone formular el deseo central de la oración: «venga tu reino». No se trata de una petición más entre tantas otras, sino de la primera y más importante[31].

Algo parecido a lo que sucedía en Ezequiel con el deseo de que sea santificado el Nombre, sucede con la petición del Padrenuestro sobre la venida del Reino de Dios. El discurso sobre el Reino y el reinado de Dios se encuentra en los lugares más diversos del Antiguo Testamento. Sin embargo, en la «venida» del Reino de Dios del Padrenuestro resuena sobre todo el eco de unos textos del libro de Daniel, capítulos 2 y 7[32].

La representación de la «venida» de los reinos marca la visión del hijo del hombre del capítulo 7 de Daniel. Cuatro animales, que representan los poderosos imperios del mundo, cada vez más degenerados, emergen de los mares, revueltos por los vientos del cielo, imagen del caos (Dan 7,3). Luego, en la visión, Dios, el Anciano, toma su lugar sobre su trono. Las multitudes

---

29. Cf. H. SCHÜRMANN, *Padre nuestro*, Salamanca: Secretariado Trinitario, ²1982, 53.

30. Cf. KASPER, *Padre Nuestro*, o.c., 47.

31. Cf. SCHÜRMANN, *Padre nuestro*, o.c., 63-65.

32. Cf. LOHFINK, «El Padre nuestro...», 275.

celestiales están en torno a él y tiene lugar el juicio sobre los cuatro animales:

> «Entonces vino sobre las nubes del cielo uno como hijo de hombre. Llegó hasta el Anciano y fue conducido ante él. A él le fue dado poder, honor y reinado. Todos los pueblos, naciones y lenguas le servirán. Su reinado es dominación eterna, que no pasa. Su reinado (es uno) que no tendrá fin» (Dan 7,13s).

También en el capítulo 2 de Daniel se habla de una piedra que se desprende y pulveriza los imperios y que se convierte en una gran montaña:

> «En el tiempo de aquellos reyes el Dios del cielo erigirá un reino que no perecerá por la eternidad. Este reino no lo entregará a ningún otro pueblo. Pulverizará y aniquilará a todos estos reinos. Pero él subsistirá eternamente» (Dn 2,44).

La expresión «reino de Dios» aparece treinta y dos veces en el evangelio de Lucas, lo que por sí mismo ya hace notar la importancia de este tema en la predicación de Jesús[33]. También cabe señalar que el libro de los Hechos de los Apóstoles comienza y termina con la mención del «reino». Al comienzo se dice que Jesús, «después de su Pasión, se presentó vivo ante ellos con muchas pruebas: se les apareció durante cuarenta días y les habló de lo referente al Reino de Dios» (Hch 1,3). Y en el último versículo del libro, se anota que Pablo «predicaba el Reino de Dios y enseñaba lo referente al Señor Jesucristo con toda libertad y sin ningún estorbo» (Hch 28,31), subrayando así la continuidad entre la enseñanza de Jesús y la de sus apóstoles.

El «reino» del que habla Jesús es una poderosa intervención de Dios, la manifestación de su acción en la historia que consigue la liberación del poder del pecado y, por tanto, la salvación. Lo que presupone una transformación del mundo y de las relaciones humanas de acuerdo con un nuevo paradigma. La petición «venga tu reino» reclama el triunfo de la verdad y la justicia, del amor y la paz, y esto es posible por la acción de Jesús que llega a todos los rincones de la tierra gracias a la colaboración de sus discípulos[34].

El «reino» es una realidad que ya está activa en el tiempo presente[35]. La respuesta de Jesús en el discurso escatológico es muy esclarecedora de su pensamiento:

> «Interrogado por los fariseos sobre cuándo llegaría el Reino de Dios, él les respondió: —El Reino de Dios no viene con espectáculo; ni se podrá decir:

---

33. Cf. Crimella, *Padre nuestro…*, o.c., 112.

34. Cf. Martini, *Padre nuestro*, o.c., 85.

35. Cf. Crimella, *Padre nuestro…*, o.c., 113-115.

"Mirad, está aquí", o "está allí"; porque daos cuenta de que el Reino de Dios está ya en medio de vosotros» (Lc 17,20-21).

Sin embargo, en la predicación de Jesús el reino no es sólo una realidad presente sino también futura[36]. De ahí la promesa de Jesús:

«No temáis, pequeño rebaño, porque vuestro Padre ha tenido a bien daros el Reino» (Lc 12,32).

De modo que esta petición del Padrenuestro apunta al presente y al futuro[37]. No se pide solamente que la fe se difunda o que los pecadores se conviertan. Se pide eso, y mucho más: que el mal sea vencido, que se restaure el orden establecido por Dios desde la creación, que se cumpla en plenitud todo lo que concierne al plan divino de salvación, que sea realidad el triunfo definitivo de Cristo[38].

Ahora bien, en este momento, aunque el reino es una realidad presente que va actuando en el mundo, su acción no es clamorosa ni espectacular. Las parábolas de Jesús, como la del sembrador, el grano de mostaza, la levadura, el trigo y la cizaña, el tesoro escondido o la perla preciosa nos llevan a pensar en una acción discreta de algo que está oculto a la vista y que, sin embargo, está muy activo, y crece hasta convertirse en una planta hermosa o un gran árbol y dar mucho fruto[39]. El reino no será implantado por una revolución ni por un vuelco clamoroso en el discurrir de la historia, sino con la sencillez y humildad con la que Jesús actuó durante su vida terrena y con la discreción con la que sigue activo hoy y ahora.

Jesús promete a sus discípulos recibir el poder de reinar y entrar en posesión del don de la salvación siempre que sepan asumir el sufrimiento[40] y encontrar a Cristo en las personas más necesitadas. Es lo que se desprende de las palabras que Mateo pone en boca de Jesús en el juicio final:

«Venid, benditos de mi Padre, tomad posesión del Reino preparado para vosotros desde la creación del mundo: porque tuve hambre y me disteis de comer; tuve sed y me disteis de beber; era peregrino y me acogisteis; estaba desnudo y me vestisteis, enfermo y me visitasteis, en la cárcel y vinisteis a verme» (Mt 25,34-36).

---

36. Cf. CRIMELLA, *Padre nuestro…*, o.c., 115-116.

37. Cf. PINCKAERS, *En el corazón del Evangelio*, o.c., 64.

38. Cf. MARTINI, *Padre nuestro*, o.c., 86.

39. Cf. KASPER, *Padre Nuestro*, o.c., 54.

40. La más clara expresión de la idea de Jesús sobre el Reino que está al llegar se encuentra en las Bienaventuranzas del Sermón de la Montaña. Cf. KASPER, *Padre Nuestro*, o.c., 55.

Jesús proclamó un reino inaugurado ya en su persona, pero también exhortó a sus discípulos a pedir en la oración que ese reino llegara a su plena realización: «venga tu reino». Ahora bien, sólo será sincera la petición por el advenimiento del reino de quien trabaja por el progreso humano, por la cultura, la civilización y la paz[41].

«Santificado sea tu nombre» y «venga tu reino»

Es tal la centralidad del reino en la predicación de Jesús que casi podríamos sintetizar todo el Padrenuestro en los dos elementos fundamentales que lo integran (la invocación y el objeto de la oración): «*Abba*, venga tu reino».

Jesús, de una manera incomparablemente íntima y personal, mira hacia lo alto, hacia su «Padre» amado. A la vez que con una mirada horizontal desde el presente hacia el futuro contempla en perspectiva la salvación escatológica: la de cada persona, del cosmos y de la historia de la humanidad.

En la oración de Jesús encontramos un movimiento vertical hacia arriba y otro atento a las necesidades a ras de suelo: subiendo a lo alto resuena la alabanza, y mirando hacia abajo se escucha la petición que implora. La mirada teocéntrica elevada hacia Dios se cruza con el interés antropocéntrico por la propia salvación, la tensión de la altura teológica se encuentra con la perspectiva soteriológica, la doxo-logía anabática con la soterio-logía katabática[42]. No asombra que este núcleo central de la oración de Jesús esté constituido por una mirada vertical que se entrecruza con otra horizontal hasta adoptar la forma de la cruz.

Todo aquel que ore recitando conscientemente el Padrenuestro y se deje mover internamente por el espíritu de Jesús, se verá «movido» a la vez en sentido horizontal y en sentido vertical. Al principio, el que reza puede sentirse desgarrado por la tensión de esta doble orientación, y al final se sentirá casi «escindido en dos», «crucificado». Como Jesús.

En cualquiera de sus deseos tiene que realizar en toda petición a la vez una «mirada hacia lo alto» y una «mirada en perspectiva»: levantar una mirada hacia el «Padre», cuyo «nombre» desea que «sea santificado», y efectuar una mirada en perspectiva que contemple el reinado de Dios que llega: «¡Padre, santificado sea tu nombre! — ¡Venga tu reino!».

---

41. Cf. Martini, *Padre nuestro*, o.c., 90.

42. Cf. Schürmann, *El destino de Jesús…*, o.c., 50.

Las peticiones: «nosotros»

Ya dije hace un momento que casi se podría sintetizar todo el Padrenuestro en muy pocas palabras: «*Abba*, venga tu reino». Pero es indudable que quien vive esperando la venida del reino y lo desea ansiosamente aún experimenta en su día a día algunas necesidades imperiosas[43]:

1. Primero necesita alimentarse para subsistir, para vivir su vida terrena a la espera del reino.

2. También siente a diario la carga de sus culpas, y anhela verse liberado de este peso.

3. Por último, el discípulo necesita protección, ya que está expuesto a todos los poderes malignos y corre el peligro incesante de caer.

Por eso, después de expresar el deseo de la venida del reino, brotan tres peticiones específicas, que son las que siguen a continuación, sobre nuestras aspiraciones, necesidades y problemas terrenos[44].

Si en la primera sección se han expresado los deseos hablando de «tú» a Dios, ahora se le formulan unas peticiones que nos afectan a «nosotros»[45]. La primera de ellas, formulada de modo acuciante, se refiere al momento presente (el pan de cada día), la segunda (el perdón de los pecados cometidos) mira al pasado y la tercera (la protección para no caer más) piensa en el futuro.

Esta segunda mitad del Padrenuestro contiene claras relaciones intertextuales con las narraciones del Pentateuco acerca de la peregrinación de Israel por el desierto. Las relaciones se extienden desde el libro del Éxodo hasta el libro del Deuteronomio.

El «hoy» desde el que se rezan las peticiones de esta segunda parte de la oración, guarda cierta analogía con la situación de Israel durante los cuarenta años de su peregrinación por el desierto[46]. Los ecos del pan dado diariamente por el Señor, las referencias al perdón de aquellos pecados que se sucedían a la vez que se experimentaba la cercanía divina, y las alusiones a la peligrosa situación de la prueba impuesta por Dios mismo en el largo tiempo del desierto, marca también el hoy de quienes rezan el Padrenuestro.

---

43. Cf. SCHÜRMANN, *Padre nuestro*, o.c., 106.

44. Cf. KASPER, *Padre Nuestro*, o.c., 75.

45. Cf. SCHÜRMANN, *El destino de Jesús…*, o.c., 52.

46. Cf. LOHFINK, «El Padre nuestro…», 281.

«El pan nuestro epiousios dánosle hoy»

La petición del pan cotidiano desde antiguo ha suscitado en los intérpretes resonancias de las narraciones veterotestamentarias acerca del maná en el desierto. Israel encontró todos los días, según los textos del Éxodo y de Números, todo el maná que necesitaba para ese día y no más.

Se pide con fuerza el «pan nuestro». Llama la atención que, a diferencia de las demás peticiones, en las que la frase comienza por el verbo en imperativo señalando lo que se pide, aquí se enfatiza el objeto solicitado, el «pan», mencionándolo al comienzo de la frase[47]. Si el verbo destaca la acción divina, aquí lo que se subraya es la necesidad de «pan» que, en el lenguaje bíblico, alude más en general al sustento necesario, al alimento que nos sostiene[48].

Al rezar el Padrenuestro no pide cada uno «mi pan», el que necesita para su sustento, sino el pan «nuestro», es decir, el que todos necesitamos cada día, y por eso lo tenemos que partir y repartir justamente[49].

Además, se pide ese pan para «hoy». Lo necesitamos ya, sin retrasos, para no padecer hambre ni debilitarnos. Jesús enseña a orar por el pan del día presente, el que necesitamos para el día.

Puede llamar la atención que, en una lección magistral sobre la oración, como la que Jesús está impartiendo a los discípulos, en la que se está hablando de realidades grandiosas e importantes como la santidad y el reino de Dios, se descienda a algo tan vulgar como el pedir un trozo de alimento que llevarse a la boca en cada jornada. Pero Jesús considera que también eso es importante, porque no se olvida de nuestras necesidades materiales. Por eso invita a pedir: «dánosle», con un imperativo presente, que en griego apunta a una acción durativa que se prolonga en el tiempo: «danos siempre», «no dejes de darnos»[50].

Ahora bien, refiriéndose al sustento cotidiano bastaría decir: «el pan nuestro, dánosle hoy». Sin embargo, en este caso, y sólo en este caso, el objeto de la petición, el «pan», aparece acompañado por un adjetivo, *epiousios*, habitualmente traducido por «cotidiano», pero de muy difícil interpretación. Se trata de un *hápax*, una palabra que sólo aparece aquí. No se usa en ningún otro lugar de la Biblia ni en ningún texto de la literatura griega de esa época, con lo cual no es posible determinar su posible significado deduciéndolo de su uso

---

47. Cf. Ronchi, *El canto del pan...*, o.c., 72.

48. Cf. Crimella, *Padre nuestro...*, o.c., 66.

49. Cf. Kasper, *Padre Nuestro*, o.c., 80.

50. Cf. Crimella, *Padre nuestro...*, o.c., 121-122.

en diferentes contextos literarios. Orígenes, que hablaba en griego y lo conocía perfectamente, dice que

> «este término no es mencionado por ninguno de los escritores griegos ni de los filósofos [observación que las modernas herramientas informáticas que analizan todo el corpus de la literatura griega han corroborado], y ni siquiera se usa en la lengua hablada por el pueblo, sino que parece haber sido acuñado por los evangelistas»[51].

No podemos detenernos en la inacabable discusión académica sobre la interpretación de esta palabra[52]. Simplemente señalaré una que parece obvia desde el punto de vista filológico (aunque caben otras). La palabra *epiousios* derivaría de la preposición *epí* («sobre») y *ousía* («sustancia»). Si esto es así, el alimento que se pide en esta oración alude al pan que va más allá de la simple sustancia de la que nos alimentamos. De ahí que no pocos Padres de la Iglesia, e incluso la costumbre litúrgica de recitar el Padrenuestro antes de la comunión, hacen entender esta petición del pan en relación con la eucaristía.

El propio Orígenes antes mencionado explica ese adjetivo en contexto eucarístico:

«Puesto que algunos creen que se nos invita a pedir pan para el cuerpo, es justo que, habiendo eliminado su falsa opinión, establezcamos la verdad sobre el pan *epiousion* (…) ¿Por qué el que dice que pide cosas celestiales y grandes, teniendo en cuenta que el pan que se nos da para nuestra carne no es celestial, ordenaría suplicar al Padre por lo que es terrenal y pequeño?»[53].

Entre los Padres de la Iglesia es frecuente encontrar comentarios en los que, además del pan ordinario, se hace referencia a algo más. San Agustín menciona el pan eucarístico y también el alimento espiritual, que son los preceptos divinos que debemos meditar y cumplir todos los días para tener las fuerzas que necesitamos mientras dura esta vida hasta nuestra llegada a la gloria celestial[54].

Esta carga de sentido que está presente en la petición sobre el «pan de cada día» no se debería tomar como disculpa para no preocuparse por las necesidades de quienes pasan hambre, ni es un modo de zafarse de la responsabilidad social de cada uno, como si la petición se refiriese sólo a realidades

---

51. ORÍGENES, *Sobre la oración* 27,7.

52. Véase, por ejemplo, SABUGAL, «La redacción mateana del Padrenuestro», o.c., 323-325.

53. ORÍGENES, *Sobre la oración* 27,1.

54. Cf. Para una exposición más detallada de diversas interpretaciones de los Padres de la Iglesia y de Santo Tomás de Aquino, cf. PINCKAERS, *En el corazón del Evangelio*, o.c., 79-80.

espirituales. Aunque se trate de realidades distintas, hay una profunda conexión entre el interesarse porque no falte el pan diario y el buscar ese pan del cielo que alimenta la vida sobrenatural. En el capítulo sexto del evangelio de Juan, Jesús habla de la necesidad de alimentarse del Pan de vida justo después de haber saciado a la multitud multiplicando los panes y los peces.

> «Esto puede ser también una advertencia para la Iglesia —señala Walter Kasper—: debe esforzarse –en cuanto le sea posible– porque la gente hambrienta tenga el pan de cada día; pero traicionaría su auténtica misión si se convirtiera en una organización de desarrollo y de ayuda social y descuidara el mensaje y la celebración del pan de la vida eterna»[55].

«Perdónanos nuestros pecados porque también nosotros perdonamos a todo el que nos debe»

En el evangelio según san Mateo, después del «pan» se pide algo que se ha de entender en sentido metafórico: «Perdónanos nuestras deudas como también nosotros perdonamos a nuestros deudores», expresión que presupone que los discípulos ya habían aprendido de la predicación de Jesús que eran deudores de Dios y que lo eran en gran medida, pero también que Dios quería perdonar sus deudas bajo ciertas condiciones. San Lucas lo formula de modo más directo: «Perdónanos nuestros pecados», aunque sigue manteniendo la referencia metafórica: «como también nosotros perdonamos a todo el que nos debe».

Es muy posible que en la elección de la palabra «pecado», *hamartía*, esté el trabajo redaccional del tercer evangelista para despejar dudas acerca de la naturaleza de nuestras principales «deudas».

«Perdónanos», en griego *afes*, viene del verbo *afiemi* que, en el griego clásico y helenístico, y también en la Septuaginta, tiene un significado profano de «liberar (esclavos o prisioneros)», «repudiar (esposa)», «eximir (de una obligación)» o «condonar, perdonar (una deuda)». San Lucas lo usa con frecuencia en relación con el pecado, con el sentido de «perdonar». Así sucede, por ejemplo, cuando dice que Juan el Bautista «recorrió toda la región del Jordán predicando un bautismo de penitencia para remisión de los pecados (εἰς ἄφεσιν ἁμαρτιῶν)» (Lc 3,3)[56].

La conciencia de la impotencia humana frente al poder del pecado, junto a la plena confianza en la misericordia del Padre, impulsa a los orantes a pedir su intervención decidida para que el poder de Dios los renueve radicalmente.

---

55. Kasper, *Padre Nuestro*, o.c., 83.

56. Cf. Crimella, *Padre nuestro…*, o.c., 128.

A la vez, los discípulos son conscientes de que el perdón de Dios requiere ciertas condiciones por su parte, y se manifiestan dispuestos a cumplirlas: «como también nosotros perdonamos a nuestros deudores». Jesús vincula el perdón de Dios a nuestra disposición a perdonar. El que perdona de verdad no se deja devorar por el rencor, la ira o la rabia por la ofensa recibida, y se libera de pensamientos de odio o de venganza. Sólo así se cierran las heridas. Es un requisito difícil de cumplir, pero indispensable[57].

Esta frase del Padrenuestro, «como también nosotros perdonamos a nuestros deudores», altera el ritmo con el que se iban sucediendo deseos y peticiones con un inciso que rompe la oración. El ritmo normal exigiría una formulación más breve, análoga a las anteriores y a la siguiente: «Perdónanos nuestras deudas».

Esta brusca interrupción del ritmo es necesaria y significativa. Tal vez traiga a la memoria aquellas palabras de Jesús:

> «si al llevar tu ofrenda al altar recuerdas que tu hermano tiene algo contra ti, deja allí tu ofrenda delante del altar, vete primero a reconciliarte con tu hermano, y vuelve después para presentar tu ofrenda» (Mt 5,23-24).

No tiene reparos Jesús en recomendar la interrupción abrupta de una ceremonia religiosa que está en marcha hasta conseguir esa reconciliación, ya que sin ella de nada valdría la ofrenda. Lo mismo que ahora. No tiene inconveniente en introducir esa frase que perturba notablemente el curso recitativo del Padrenuestro, ya que perdonar primero a los demás es condición *sine qua non* para obtener el perdón de Dios, e incluso para actuar de verdad como hijos de Dios. De esto depende toda posibilidad de orar con sinceridad, ya que sin perdonar no se puede decir «Padre nuestro...» sin caer en la hipocresía[58].

«No nos metas en tentación»

Llegamos, por fin, a la última de las peticiones, que es la única que está expresada con una negación: «no nos metas en tentación» (Lc 11,4). Traduzcamos así de momento el μὴ εἰσενέγκῃς ἡμᾶς εἰς πειρασμόν.

Tal y como está formulada, esta petición resulta incómoda, ya que podría parecer que Dios se dedica a tentarnos para hacer el mal y se le suplica que no lo haga. Sería demasiado. Bastante tenemos con vivir en un mundo que está lleno de tentaciones, no sólo ni principalmente sexuales, aunque también, sino tentaciones de egoísmo, de intentar aprovecharnos de los demás, de

---

57. Cf. KASPER, *Padre Nuestro*, o.c., 93.

58. Cf. PINCKAERS, *En el corazón del Evangelio*, o.c., 90.

difamar a otros aunque sólo sea participando en chismorreos, tentaciones de dinero y de abusos de poder. En todas estas tentaciones ya estamos metidos nosotros solos[59]. Por eso, no pocas de las traducciones que se han ido haciendo a las lenguas modernas han cambiado el sentido del texto original para hacerlo más asumible. El «no nos dejes caer en la tentación» de la versión oficial española se aparta notablemente del texto evangélico. Así que convendrá prestar atención a su formulación en griego.

El texto dice primero μὴ εἰσενέγκῃς, del verbo εἰσφέρω, que significa «llevar, conducir, introducir, colocar en una cierta situación». De ahí que el latín *inducere* utilizado por san Jerónimo, que significa «conducir al interior, hacer entrar», sea una buena traducción, y que el español «inducir», que además no tiene connotaciones de desplazamiento en un espacio sino más bien alude a las intenciones, refleje bien el sentido de la palabra usada en el Evangelio[60].

La reiteración de la preposición εἰς, tanto en la raíz verbal como luego al marcar la dirección, reitera la idea de movimiento hasta entrar dentro[61].

Más complejo es el significado de πειρασμός, ya que puede designar desde la «tentación» en el sentido de incitación al mal como tener otros significados: «intento, demostración», y especialmente «prueba» (tanto en el sentido de tribulación como en el de test, comprobación de la fidelidad).

Si interpretásemos «tentación» en su sentido de «proponer hacer el mal» o «empujar a caer», que es lo que hace el diablo cuando tienta a Jesús (Lc 4,2), no parece adecuado, ya que el sujeto implícito es Dios Padre.

En cambio, si atendemos a los relatos bíblicos no son raros los episodios en que Dios pone a prueba a los individuos o a todo el pueblo, desde Abrahán hasta la totalidad de Israel en el desierto camino de la tierra prometida, para comprobar su fidelidad. No se trata de empujar al mal, sino de valorar lo que hay en el corazón, de verificar las intenciones más profundas.

Ahora bien, en los relatos de la Escritura aprendemos que estas «pruebas» de Dios son penosas, desde los padecimientos de Job hasta la Pasión de Jesús. De ahí que, de entrada, la reacción instintiva sea rehusarlas ya que las pruebas son dolorosas.

---

59. Cf. Kasper, *Padre Nuestro*, o.c., 96.

60. Cf. P. Bovati, «"Non metterci alla prova". A proposito di una difficile richiesta del Padre Nostro», *La Civiltà Cattolica* 169,1 (2018) 215-227; L. Gasparro, «Tentazione o prova? Considerazioni alla luce di una riformulazione del Padre Nostro», *Rassegna di Teologia* 60 (2019) 5-21.

61. Cf. Crimella, *Padre nuestro…*, o.c., 88.

En suma, desde el punto de vista filológico quizá la traducción más adecuada de esta petición podría ser «y no nos metas en tentación». Jesús no nos invita a orar para quedar exentos de la prueba, sino para no quedar atrapados en su interior[62]. El creyente está llamado a presentar con sencillez su petición a Dios porque es consciente de que su fe es débil y podría vacilar al verse asediada[63].

De ahí también que en la oración del Padrenuestro según san Mateo ahora se añada una petición más de ayuda para no sucumbir: «líbranos del mal».

Conclusión

La enseñanza de Jesús sobre la oración concretada en el Padrenuestro ha de ser leída y comprendida a la luz de la tradición judeocristiana acerca de la oración. También en los pueblos del próximo oriente y en la cultura clásica hay algunas «oraciones», invocaciones dirigidas a la divinidad. Pero invocar a Dios, en esos contextos culturales, era sólo una función protocolaria y una ficción literaria, que nada puede hacer ante lo inexorable de la naturaleza. En cambio, la formulación invocativa del Padrenuestro no se debe a razones literarias sino a motivos ontológicos, ligados a la constitución misma de lo real: hay un Dios, Padre amoroso, todopoderoso y misericordioso, que tiene capacidad de escuchar y de responder.

El Padrenuestro mantiene lazos estrechos con toda la Escritura: cada una de sus peticiones expresa un tema importante que recorre la Biblia. Es lugar de concentración y cima de toda la oración alimentada por la Escritura[64]. Pero no es una simple fórmula de oración personal, sino algo único, es la oración de Jesús que él mismo, abriendo su intimidad, enseña a sus discípulos.

La escuela de oración que Jesús nos descubre al desvelar su modo personal de orar es como un gran espacio luminoso, donde la luz que entra a raudales por la linterna de la gran cúpula central, la invocación «Abbá», «Padre», impregna de claridad todos sus elementos.

En medio, dos grandes aspiraciones dirigidas a Dios se entrecruzan íntimamente. Una de ellas mira verticalmente hacia el cielo implorando que «sea santificado tu Nombre». La otra mira en perspectiva horizontal este mundo nuestro aguardando con impaciencia que «venga tu reino». Ambas entrela-

---

62. Cf. Ronchi, *El canto del pan...*, o.c., 102.
63. Cf. Crimella, *Padre nuestro...*, o.c., 92.
64. Cf. Pinckaers, *En el corazón del Evangelio*, o.c., 25-26.

zadas dibujan una gran Cruz, que es donde Jesucristo ha llevado a cabo la redención.

A ras de suelo, en la vida corriente de cada uno de nosotros, tres peticiones imploran ayuda para todas nuestras necesidades en todo tiempo. Comenzando por el presente, la petición del alimento necesario para el cuerpo y para el espíritu, el pan y la Eucaristía, «El pan nuestro *epiousios* dánosle hoy». Mirando al pasado deseamos que nada de lo que hayamos hecho antes arrastrados por nuestras debilidades sea un peso que cargue inexorable sobre nuestros hombros: «Perdónanos nuestros pecados porque también nosotros perdonamos a todo el que nos debe». Por último, conscientes de nuestra debilidad, también rogamos que en adelante no tengamos que enfrentarnos a situaciones que nos puedan superar: «No nos metas en tentación».

Con la esperanza de ser escuchados y conscientes de que en nuestro Padre Dios está nuestro único apoyo, al final manifestamos nuestra más plena entrega en sus manos con la expresión hebrea de asentimiento: «Amén».

La Iglesia desde los orígenes comprendió la centralidad de esta oración y así se aprecia en la liturgia y en la vida. Es modelo de toda oración cristiana, una oración de acción, una oración personal y comunitaria a la vez. Los Padres de la Iglesia recibieron el Padrenuestro como síntesis de lo que Jesús enseñó y lo emplearon en las catequesis de preparación al bautismo. También fue muy tempranamente incorporado a la celebración de la eucaristía, donde hoy sigue ocupando un lugar privilegiado. Cuando ahora rezamos el Padrenuestro estamos en el contexto de la gran tradición y en comunión con todos los cristianos que han orado durante siglos, con los primeros mártires y con los grandes santos de todas las épocas. Lo rezamos también juntamente con los cristianos de todas las iglesias, porque el Padrenuestro es la oración ecuménica por excelencia[65].

Francisco Varo Pineda

Facultad de Teología

Universidad de Navarra

fvaro@unav.es

---

65. Cf. Kasper, *Padre Nuestro*, o.c., 14-15.

II. La oración dominical en la liturgia cristiana

Desde la perspectiva de la historia de la liturgia, la oración dominical nunca ha sido una «cuestión menor». De hecho, el Símbolo de la fe, los Sacramentos, el Decálogo y el Padrenuestro componen la síntesis del «material memorizable» que refleja los elementos vitales de la Iglesia. De ahí que el Padrenuestro sea uno de los cuatro «lugares de concentración» de la catequesis cristiana[66].

Límites de espacio impiden tratar aquí del *De sacramentis* de Ambrosio, del *De dominica oratione* de Cipriano y —ante todo— de la catequesis mistagógica sobre el Padrenuestro de Teodoro de Mopsuestia (†428), traducida del siríaco por don Francisco José López Sáez y publicada en la editorial Sígueme en el año 2021[67].

El Padrenuestro en el «Ritual de la Iniciación cristiana de adultos»

En el ámbito propio de la teología litúrgica, querría empezar centrando nuestra atención en el «Ritual de la iniciación cristiana de adultos»; más concretamente, en lo que atañe al rito de entrega de la oración dominical a los catecúmenos. ¿Por qué detenernos en este libro litúrgico? Porque para acercarnos al valor que tiene el Padrenuestro en la vida del cristiano, nada mejor que analizar el momento ritual en el que la Iglesia lo transmite «en acto» a quienes aguardan y desean ser hechos hijos de Dios. Acudimos a este Ritual porque la celebración de la Iniciación es el «lugar teológico» donde acontece el misterio de la adopción filial. La celebración del rito es su momento performativo y experiencial.

---

66. Cf. J. C. Carvajal, «El Padrenuestro, orar en el corazón de la Trinidad», *Teología y catequesis* 159 (2024) 76.

67. Teodoro de Mopsuestia, *El Padrenuestro, el bautismo y la eucaristía: Catequesis mistagógicas XI-XVI*, Madrid: Ed. Sígueme, 2021.

Conforme a lo que leemos en este Ritual, si bien el Padrenuestro se entrega a los catecúmenos después de la entrega del *Credo* y antes de su Bautismo —concretamente durante la semana que sigue al tercer domingo de Cuaresma—, en realidad la verdadera *traditio* —al igual que su *redditio*— se realiza en el corazón del dinamismo sacramental de la Vigilia pascual. En la antigüedad, la entrega inicial del Símbolo de la fe y del Padrenuestro respondía a una razón práctica. Los catecúmenos no participaban en la liturgia eucarística y, debido a la *lex arcani*, nunca habían escuchado el Padrenuestro. Había, por tanto, que enseñárselo en algún momento previo para que se lo aprendieran y lo pudieran recitar en la Vigilia pascual. Lo mismo sucedía con el *Credo*. Debían primero aprenderlo para poderlo glosar y mostrar por qué creían —eso era la *redditio*— en la mañana del Sábado Santo.

Así pues, durante la Vigilia pascual en la noche santa, solo tras la recepción del Bautismo, los que acaban de ser adoptados como hijos pueden hacer suya la oración del Señor, y no antes. Solo después de haber recibido la efusión del Espíritu Santo en el Bautismo y la Crismación, el neófito es constituido sujeto orante de la plegaria que proviene de Jesús. En alguna ocasión, alguien preguntó a san Agustín dónde estaba el Espíritu Santo en el texto del Padrenuestro; su respuesta fue: en quien lo reza.

La insistencia en que la primerísima recitación de la oración dominical se realice en la antesala de su primera recepción de la eucaristía, revela que esta comunión es la respuesta del Padre a las peticiones de sus hijos en el Padrenuestro. Pero subrayo de intento el superlativo «primerísima recitación», porque —como dije— los catecúmenos nunca habían rezado el Padrenuestro. Cada domingo, terminada la proclamación del Evangelio, escuchaban, dirigido a ellos, el *extra omnes* del diácono invitándoles a abandonar el aula litúrgica. La Vigilia pascual era la primera vez en la que se dirigían al Padre del cielo como verdaderos hijos suyos, en medio de la asamblea santa, que los acogía con júbilo.

Antes de la celebración de la Vigilia, debido a ese abandonar el espacio celebrativo a raíz de aquel *extra omnes*, ni siquiera podían conocer la fecha del día feliz de su Bautismo. Esto era efecto de aquella «ley del arcano» que envolvía los ritos de la primitiva Iniciación. Efectivamente, en la solemnidad de Epifanía, el anuncio de las fiestas móviles del Año litúrgico, que cantaba el diácono desde el ambón «y por cierto con una melodía que evoca precisamente la del *Exultet* de la Vigilia pascual», se realizaba estando ellos fuera del recinto, lo cual impedía que lo oyeran.

Así pues —recapitulando este primer apartado—, el dinamismo sacramental de la Iglesia nos muestra que la recitación del Padrenuestro está vinculada a la comunión eucarística. Los neófitos recitan por primera vez el Padrenuestro en el momento en que se disponen a recibir el sacramento eucarístico.

La «brújula» de la liturgia señala que el Padre bueno responde a la oración de sus nuevos hijos adoptivos otorgándoles el don de comulgar el Cuerpo y la Sangre de su único Hijo. No decimos comulgar con el Cuerpo y la Sangre, sino comulgar el Cuerpo y la Sangre de Cristo.

El Padrenuestro en el contexto del «Misal romano»

En este caso, me referiré sobre todo a algunos aspectos históricos relativos a la recitación del Padrenuestro dentro de la celebración de la Misa. Pero, antes de empezar y como preámbulo a lo que sigue, conviene destacar que, ya a comienzos del siglo noveno, Amalario de Metz (†850), discípulo de Alcuino, hablaba del Padrenuestro en estos términos: «los cristianos se reconocen formados por las mismas palabras del Hijo, las cuales "informan" su oración». Por tanto, la oración dominical se contemplaba en el horizonte de la *parresía* —por acudir al ejemplo de los ciudadanos libres en la *polis* griega—, o sea, como un ejercicio concreto de la libertad y la confianza de los hijos que se atreven a dirigirse al Padre con aquellas palabras que el Maestro nos ha confiado, no como mera formula recitativa, sino mucho más: como verdadera *traditio* de su propia oración.

Por lo que se refiere al Rito romano, las fuentes litúrgicas antiguas sitúan la introducción del *Paternoster* en la Misa a mediados del siglo cuarto y cantado o recitado siempre en el ámbito de los ritos de comunión. Otras tradiciones litúrgicas lo insertan en lugares algo diferentes: unas veces precediendo a la fracción del pan y otras siguiéndola.

La oración dominical en continuidad con la anáfora

Es probable que, en la antigüedad, el *canon actionis*, o sea, la plegaria eucarística, y la plegaria dominical constituyeran una unidad, una pieza átoma. El Padrenuestro seguía a la plegaria eucarística como su prolongación natural y toda la asamblea concluía esa gran plegaria cantando un único y solemne *Amén*.

Esta hipótesis cobra mayor sentido si consideramos el sujeto eclesial al que correspondía proferir el Padrenuestro. Cesáreo de Arlés (†542) y Gregorio de Tours (†594) señalan que se trata de una oración de toda la asamblea. No obstante, Gregorio Magno (†604) refiere textualmente que «el Padrenuestro, entre los griegos, es recitado por todo el pueblo (*ab omni populo*), mientras que entre nosotros sólo por el sacerdote (*ab uno solummodo sacerdote*)»[68].

Esto último significa que, en contexto romano y en comparación con el Oriente y la Galia, se estableció una praxis que —considerando la anáfora y el

---

68. Gregorio Magno, *Littera* 9, 26.

Padrenuestro intrínsecamente ligados— confiaba la recitación de ambas sólo al celebrante principal. En la misma línea, Floro de Lyon (†860) escribe: «se exhorta a toda la asamblea y el sacerdote le dice: "oremos", y la asamblea reza con el sacerdote, no con la voz, sino con el corazón». Por último, en otros contextos, parece que la asamblea recitaba sólo la última petición o se limitaba a ratificarla con el *Amén*. Era como si el que recitaba esta oración le dijera a Dios: «ciertamente, lo que he dicho hasta ahora es verdad».

La oración dominical como preparación a la comunión eucarística

Para tratar de esta cuestión —que ya hemos apuntado más arriba—, conviene fijarnos en el término *cotidianum*. En un sentido amplio, la tradición ha visto en el *panem cotidianum* una referencia metafórica a la Palabra de Dios, es decir, al sustento espiritual indispensable para alimentar la fe y sostener al creyente en su camino. Como escribe Agustín: «las palabras que escucháis cada día en la iglesia son el pan cotidiano»[69].

Este vínculo entre «pan cotidiano» y «palabra de Dios» es el correlato litúrgico de esa realidad cristológica conforme a la cual el mismo que, en la vida inmanente de la Trinidad, es la Palabra del Padre, el *Logos tou Theou*, ese mismo es también «Pan de Vida» por su Encarnación. Y de aquí que la mesa de la Palabra y la mesa del Pan conformen una unidad, como estructura portante de toda celebración eucarística[70].

Pero el adjetivo *cotidianum* evoca además el maná que el pueblo peregrino recogía —como leemos en el libro del Éxodo— «para la ración de un día», o sea, no para la opulencia, sino para lo que de verdad necesitaban. Y así, la presencia del adjetivo «cotidiano» podría estar, de algún modo, en el origen de la asociación, que ya recogen las fuentes, entre el Padrenuestro y la comunión eucarística[71]. Podría apuntar incluso al ritmo cotidiano de la celebración eucarística, en cuanto realidad vigente en el rito romano a partir aproximadamente de los siglos séptimo y octavo[72].

---

69. AGUSTÍN DE HIPONA, *Sermo 57, De oratione dominica ad competentes 7*: «quod in Ecclsia lectiones quotidie auditis, panis quotidianus est».

70. Cf. SACROSANCTUM CONCILIUM, 56: «las dos partes de que consta la Misa, a saber: la Liturgia de la palabra y la Eucaristía, están tan íntimamente unidas que constituyen un único acto de culto».

71. Cf. E. BORSOTTI (ED.), *Un solo corpo - Mistagogia della liturgia eucaristica a traverso i testi dei Padri latini*, Comunità di Bose: Qiqajon, 2018, cap. 17, §§ 16-25.

72. Estos siglos se señalan de modo genérico aproximado ya que, entre los testimonios de celebraciones diarias de la Eucaristía en el Occidente cristiano, hay que distinguir entre las misas con pueblo o sin pueblo y también entre las celebraciones en ámbito monástico o ca-

El Padrenuestro fue entendido como plegaria que dispone a la sagrada comunión debido también al carácter penitencial de su penúltima petición: «perdónanos nuestras ofensas, como nosotros perdonamos a los que nos ofenden»[73]. Efectivamente, es un atrevimiento afirmar que nosotros perdonamos a los que nos ofenden pero si queremos tender al Cristo pascual, tenemos que ser hechos uno con él y pasar de la ofensa —la Cruz— a la Pascua —la reconciliación—; es decir, perdonar como Él perdonó.

A lo largo de la celebración de la Misa, son cuatro los ritos que miran a la remisión de los pecados veniales, siempre que se tenga arrepentimiento de ellos:

- En primer lugar, el acto penitencial; el estilo de la fórmula «Dios todopoderoso tenga misericordia de nosotros, perdone nuestros pecados etc.», corresponde al género propio de las fórmulas de absolución.

- En segundo lugar, las palabras que el diácono recita en secreto al término de la proclamación del Evangelio, «las palabras del Evangelio borren nuestros pecados», entendidas en el horizonte de la sacramentalidad de la palabra, expresan la conciencia de la Iglesia de que la escucha en la fe de la palabra de Dios purifica el corazón[74]: «vosotros ya estáis limpios por la palabra que os he hablado»[75].

- En tercer lugar, la recitación del «perdónanos nuestras ofensas, como también nosotros perdonamos a los que nos ofenden». Para Agustín, estas palabras representan como una ablución del rostro para tener acceso al banquete de la Eucaristía[76]. Cuenta en un sermón que, en Hipona, los fieles al recitar «perdónanos nuestras ofensas como nosotros...» hacían el gesto bíblico de golpearse el pecho, y lo explica así: «¿qué significa golpearse el pecho sino acusar lo que está metido en el pecho y castigar con ese golpe visible los pecados invisibles?»[77].

- Y, por último, la recepción de la comunión eucarística remite los pecados veniales de los que estamos arrepentidos en cuanto efecto propio del sacramento[78].

---

tedral. Cf. V. Raffa, *Liturgia eucaristica - Mistagogia della Messa: dalla storia e dalla teología alla pastorale pratica*, Roma: Bibliotheca «Ephemerides Llitugicae» Subsidia 100, 2011³, 879-902.

73. Cf. E. Borsotti, o.c., cap. 17, §§ 26-37.

74. Cf. Misal romano (2016), *Ordinario de la Misa*, 16.

75. Cf. Jn 15, 3.

76. Cf. Agustín de Hipona, *Sermo* 17, 5.

77. Ídem, *Sermo* 67, 1, en *Obras completas de S. Agustín*, Madrid: BAC, 1983, 267.

78. Cf. *Catecismo de la Iglesia Católica*, n. 1394: «como el alimento corporal sirve para restaurar la pérdida de fuerzas, la Eucaristía fortalece la caridad que, en la vida cotidiana, tiende

Además, junto al *panem nostrum cotidianum* de Lucas tenemos el *panem nostrum supersubstantialem* de Mateo[79]. San Jerónimo traduce esta misteriosa palabra griega —*epioúsios*— por *supersubstantialis*. Para Jerónimo, este pan super sustancial, esta sustancia nueva, superior, es la que se nos da cuando recibimos la comunión eucarística. De modo que una posible traducción sería: «el pan de la vida eterna, anticípanoslo hoy». No se puede excluir que esta expresión de Mateo, tal como la interpretaron los primeros escritores cristianos, podría referirse al Cuerpo de Cristo, al nuevo Maná, al *phármakon athanasías*, a la «medicina de la inmortalidad».

Y así, en la tradición de la Iglesia, el versículo del Éxodo que implora el alimento que sostiene la vida humana a ritmo diario recibe de la liturgia, a través del texto de Mateo y de los comentarios patrísticos, un resignificado que pasa a ser la petición del Pan eucarístico, razón que explica por qué el Padrenuestro forma parte de los ritos que disponen a la sagrada Comunión.

Desde el punto de vista del *ars celebrandi*, podría decirse que, así como la mirada del corazón del celebrante y de la asamblea se dirige a Dios Padre durante la recitación del Padrenuestro, así también, en el momento de decir «danos hoy el pan nuestro de cada día», tendría un sentido teologal profundo redirigir esa mirada al Pan eucarístico, depuesto sobre la patena en medio del altar.

Conclusión

Querría terminar este escrito limitándome a subrayar algo que nos pudiera ser útil a todos: despertar en cada uno el estupor ante lo que rezamos todos los días desde la profunda reverencia con que la liturgia trata la oración dominical, en cuanto realidad toda santa por provenir de los labios del Salvador.

Para ello, les presento ahora un testimonio impactante: el entusiasmo que le produce a la liturgia siriaca la majestad del Padrenuestro:

«Haz, Señor, que reine entre nosotros
tu paz y tu quietud en nuestros corazones,
a fin de que nuestra lengua pueda anunciar tu verdad.
Sea tu cruz el guardián de nuestras almas,
mientras nuestra boca, como nueva arpa,
habla con labios de fuego un nuevo lenguaje.

---

a debilitarse; y esta caridad vivificada borra los pecados veniales (cf. Concilio de Trento: DS 1638)».

79. Los lugares paralelos *iuxta Vulgatam* son: Mt 6, 11: «danos hoy nuestro pan supersustancial»; Lucas 11:3: «danos cada día nuestro pan de cada día».

Haznos, Señor, dignos de pronunciar ante ti,
con la confianza que de ti proviene,
esta oración pura y santa,
que tu boca, fuente de vida, enseñó a tus discípulos,
es decir, a quienes eran hijos de tus misterios, diciéndoles:
Cuando vosotros oréis, así debéis de decir:
Padre nuestro que estás en el cielo, santificado sea tu nombre...»[80].

Que oremos con el Padrenuestro —oración pura y santa— con quietud y con paz, que lo recemos con la confianza que de Dios proviene, con *parresía*. Que nuestra boca sea como una nueva arpa y nuestros labios como de fuego; labios que hablen en un lenguaje nuevo, el lenguaje que sale del sagrado Corazón de Jesús. Y que digamos el Padrenuestro sintiéndonos —he aquí nuestra dignidad— hijos de los divinos Misterios de Cristo.

Félix María Arocena

Facultad de Teología

Universidad de Navarra

farocena@unav.es

---

80. Cf. F. E. Brightman, *Liturgies eastern and western*, vol. I, Oxford: Eastern liturgies, 1896, 295 (cit. J. A. Jungmann, *El Sacrificio de la Misa - Tratado histórico-litúrgico*, Madrid: Herder, 1951, 970, n. 394).

III. Resonancias del Padrenuestro arameo en los maestros espirituales siro-orientales: una mística del Padre

En esta contribución se tratará de ofrecer una pequeña antología de textos inéditos de algunos grandes místicos de la Iglesia siro-oriental, para buscar en sus escritos, de una riqueza tan majestuosa como poco conocida en nuestro mundo eclesial occidental, las resonancias de la oración del Padrenuestro en los discursos espirituales de estos maestros orientales. Ellos tuvieron el privilegio de «rumiar» (en el sentido de la *ruminatio* de la Palabra de Dios, que es el primer momento de la *lectio divina*) la oración dominical en la misma lengua en la que fue pronunciada por los labios de Jesús.

Distingo primero los cuatro niveles de la lectura de la Escritura según los Padres y autores medievales, para ilustrar después, con una serie de ejemplos elegidos entre el gran patrimonio de nuestros místicos siro-orientales, el modo en que estos maestros han desarrollado en sus meditaciones y enseñanzas cada uno de los sentidos espirituales de los que está cargado el texto bíblico.

Los cuatro niveles en la lectura de la Escritura, aplicados a la exégesis del Padrenuestro

Es conocido el antiguo dístico con el que los autores medievales resumieron el cuádruple sentido de la Escritura, los cuatro niveles de profundidad que ofrece el texto bíblico[81]:

> *Littera gesta docet, quid credas allegoria,*
> *moralis quid agas, quo tendas anagogia.*

La búsqueda del sentido *literal, alegórico, moral* y *anagógico* de la Escritura constituyó en otros tiempos, caracterizados por una visión sintética y orgánica (no tan racionalista y analítica como nuestra época), no solo la base metodológica de la exégesis estricta de los textos bíblicos, sino también el ideal

---

81. Cf. Henri de Lubac, *Sur un vieux distique. La doctrine du «Quadruple sens»*, en *Théologies d'occasion*, Paris: Desclée de Brouwer, 1984, 123-128.

que iluminaba toda la tarea de la teología, de la espiritualidad y de la misma visión del mundo, ciencia, arte y literatura incluidas. Comenta a este respecto Henri de Lubac:

> Lo que existió entonces fue, en su momento, «un acto completo», y es necesario tomarlo como tal, en su totalidad. Ahora bien, este «acto completo» que es la antigua exégesis cristiana es algo verdaderamente grande. En la medida en que la estudiamos, nos vamos dando cuenta de la amplitud de su campo, de la complejidad de sus implicaciones, de la profundidad de sus basamentos, de la originalidad de su estructura. Con diversidad de matices, pone de relieve «la novedad prodigiosa del Hecho cristiano»[82]. Pone en juego una dialéctica, a menudo sutil, del antes y el después; define las relaciones de la realidad histórica y de la realidad espiritual, de la sociedad y del individuo, del tiempo y de la eternidad; contiene, como diríamos hoy, toda una teología de la historia, en conexión con una teología de la Escritura. Organiza toda la revelación en torno a un centro concreto, marcado en el espacio y en el tiempo por la Cruz de Jesucristo. Esta antigua exégesis cristiana es ella misma una dogmática y una espiritualidad completas, y completamente unificadas. Se ha expresado, no solamente en la literatura, sino en todo el ámbito del arte, con una fuerza y una profusión maravillosas. Brevemente, esta antigua exégesis cristiana es con toda seguridad algo más que una mera forma antigua de exégesis. Constituye «la trama»[83] de la literatura cristiana y del arte cristiano. Constituye en realidad, en uno de sus aspectos esenciales, el antiguo pensamiento cristiano. Es la forma principal que ha revestido durante un largo tiempo la síntesis cristiana. Es, por lo menos, el instrumento que le ha permitido construirse, y es uno de los caminos por donde se la puede abordar con mayor utilidad en el momento actual[84].

Este arte de la profundización en el sentido espiritual de la Escritura, que se desarrolla en cuatro niveles, se presenta de un modo muy especial entre los místicos siro-orientales[85] aplicado a la exégesis del Padrenuestro, la oración

---

82. CLAUDE BODARD, OCR, Dans *S. Bernard théologien, actes du congrès de Dijon* (15-19 sept. 1953), Rome: ASOC, 1953, 24-5.

83. PAUL LEJAY, «L'héritage de Grég. d'Elvire», *Revue bénédictine* 25 (1908) 443.

84. HENRI DE LUBAC, *Exégèse médiévale. Les quatre sens de l'Écriture*, I,1, Paris: Aubier-Montaigne, 1959, 16-17.

85. Encontramos entre los autores monásticos de la edad de oro de la literatura espiritual de la Iglesia siro-oriental (s. VI-VIII), herederos de la reforma de Abraham de Kashkar (s. VI), una controversia entre dos modos de acercamiento a la Escritura: el de los «maestros» escolásticos y el de los «espirituales» representantes de la teología de los antiguos autores anacoretas. Cf. S. CHIALÀ, *Abramo di Kashkar e la sua comunità*, Magnano BI: Qiqajon, 2005; ID., *La perla dai molti riflessi. La lettura della Scrittura nei Padri siriaci*, Magnano BI: Qiqajon, 2014. La edad de oro de la mística siro-oriental, en los siglos VI-VIII, ha entregado a la Iglesia los siguientes autores, verdaderas cimas de la espiritualidad cristiana universal:

del Señor. En ellos esta cuádruple búsqueda del sentido de los textos sagrados está especialmente emparentada, dada la similitud de lengua y de cultura, con la exégesis practicada por los autores hebreos, que fueron los primeros en dar forma a esta búsqueda del sentido espiritual en las palabras reveladas. Para el caso especial de la interpretación del Padrenuestro, el exegeta belga Benoît Standaert explana estos cuatro sentidos según la terminología clásica de los hebreos, muy afín, como veremos, al proceder de nuestros místicos aramaicos:

> Antes de someter a un análisis crítico el texto más antiguo que nos ha sido conservado para el *Padre Nuestro*, será bueno presentar brevemente un modelo de lectura judaico. El modelo ha sido elaborado en el Medievo, pero muy probablemente proviene de un molde aún más antiguo. En la lectura son distinguidos cuatro niveles, siguiendo las cuatro consonantes de la palabra «PaRaDiSo» —en hebreo PaRDeS—. «Pardes» es un antiguo término persa que significa «jardín» (cf. Qo 2,5). ¡Quien traspasa los cuatro niveles llega al Paraíso! ¡Se encuentra en el jardín donde florece «el árbol del conocimiento»! Recibe, por tanto, el verdadero conocimiento, el de los orígenes. Los cuatro niveles se estructuran por tanto como una escala que da acceso a una comprensión más alta, más profunda, más vasta, tanto del sentido de las Escrituras como del sentido de la existencia y de la entera creación.
>
> *Pshat*: es el nivel del sentido literal, llamado también el sentido histórico. Aquí se buscan los referentes fácticos del texto. Su verdad está situada al exterior del texto, y es ésta la que se intenta captar: como un hecho objetivo, un dato. O se da o no se da. Verdadero o falso, sí o no; o también, en el lenguaje extremamente reducido de un computer: 0 o 1.
>
> *Remez*: significa indicación, *alusión*, referencia. Un texto evoca otro texto, una palabra evoca otra citación. La memoria se enriquece, las asociaciones tienen libre curso, y el campo evocado por un texto viene de tal manera a formar un todo coherente. Aquí tienen su puesto las lecturas estructuralistas. Figuras, estructuras, *patterns* y el juego de relaciones recíprocas pertenecen a este nivel de lectura.
>
> *Darash*: significa literalmente: *buscar*. Aquí aparece por primera vez un sujeto, un buscador que, interrogando, apremia al texto, y se deja interrogar por el texto. El verdadero nivel de este tipo de búsqueda —llamado también *mi-*

Yohannan el Solitario (o de Apamea) (s. V); Abraham de Kashkar, fundador del Gran Monasterio del Monte Izla (s. VI); Abraham de Natpar (s. VI); Martyrius Sahdona (primera mitad del s. VII); Dadisho' Qatraya (segunda mitad del s. VII); Isaac de Nínive (segunda mitad del s. VII); Sim'on de Taibuteh (s. VII-VIII); Yohannan de Dalyatha (s. VII-VIII); Yausep Hazzaya (s. VIII). Sobre estos autores, en general, véase Id., *Les mystiques syro-orientaux: une école ou une époque?*, en A. Desreumaux (éd.), *Les mystiques syriaques*, coll. Études syriaques 8, Paris: Geuthner, 2011, 63-78.

drash— es ético. El interrogar está en función del actuar correcto en el interior de la recíproca relación entre los dos.

Sod es, finalmente, el cuarto y último nivel: el *misterio*. Aquí entramos en una inversión de perspectivas: el buscador reconoce que él mismo es buscado; otro Sujeto parece ser ya antes el sujeto que busca. El conocer consiste en un ser conocido en la profundidad.

Pshat, Remez, Darash y *Sod* son cuatro formas diversas de libertad y un máximo de control. En el *Sod* la relación es inversa: un máximo de libertad sin el menor control. Se cuenta de Rabbí Akiba que tres escolares suyos consiguieron llegar hasta el interior del *Sod*: el primero, sin embargo —raptado en éxtasis— perdió allí la vida; el segundo se volvió loco —perdió la razón—; el tercero se convirtió en un herético —perdió la recta fe—. El primero salió de la comunidad de los vivos; el segundo dejó la compañía de la sana razón y el tercero sobrepasó los límites de la comunidad de la ortodoxia. Esto para ilustrar que el *Sod* constituye un nivel particular, donde el peligro de perder todo control es bien real. Sólo R. Akiba entró en el Pardes y regresó vivo, con sus facultades intelectuales y en conformidad con la recta fe. Queda la pregunta: ¿cómo lo logró?[86].

Entremos en el Paraíso de los Padres siro-orientales con ánimo gozoso, ofreciendo algunos ejemplos representativos de su lectura del Padrenuestro en los cuatro niveles que hemos señalado. Servirá esta presentación como una primera antología en castellano de unos textos preciosos, dada su antigüedad y su valor intrínseco. Las notas explicativas invitan a un trabajo de comprensión y primera exploración teológica de estos profundos escritos.

El Padrenuestro en el nivel del *Pshat* (sentido literal)

Evidentemente, la base de la exégesis espiritual en sus distintos niveles, practicados con gran maestría por los místicos siro-orientales, es el texto del Padrenuestro tal como aparece en la Peshytta oriental (Mt 6, 9-13)[87], recitado e incorporado en la memoria de los cristianos desde el momento de su formación catequética, y repetido en cada liturgia eucarística[88].

En la formación de los futuros cristianos, tanto en Oriente como en Occidente, tendrá un lugar destacado el comentario al Padrenuestro. En el ámbi-

---

86. B. STANDAERT, *La preghiera al Padre*, en O. CLÉMENT – B. STANDAERT, *Pregare il Padre Nostro*, Magnano (VC): Qiqajon, Comunitá di Bose, 1988, 11-13.

87. Cf. *Biblia Sacra juxta versionem simplicem quae dicitur Pschitta. Novum Testamentum*, Beryti, Typis Typographiae Catholice MCMLI (Reimpresión de la edición de la Peshitta de los Dominicos de Mosul).

88. Cf. *Missel Chaldéen*, F. Y. ALICHORAN - P. PERRIER (ED.), Paris: Publications de l'Église catholique chaldéene, 1982.

to siro-oriental se harán famosas las Catequesis mistagógicas de Teodoro de Mopsuestia, de las que he traducido y editado precisamente la parte dedicada al Bautismo y a la exposición de la oración del Señor[89].

En el original del Padrenuestro en lengua aramea la cantidad de las sílabas aparece estrictamente medida. El texto recibido de labios de Jesús es un ejemplo de balanceamiento perfecto de los versos, con un fuerte sentido del ritmo, que condensa la dirección de cada parte de la oración, dividiéndola en una «sección Tú» y una «sección nosotros». Transcribo en primer lugar la primera parte de la oración del Señor, para apreciar la belleza de los versos y su sentido de orientación hacia la «invocación del Tú (-*akh*)», rítmicamente señalada en los tres versos centrales:

> *Abun dbashmaya*
>> *nethkadash shmakh*
>> *teethe malkuthakh*
>> *nehwe sebyanakh*
> *aykana dbashmaya*
>>> *af bar'a*

Una traducción literal, siguiendo esta misma estructura, nos daría:

> Padre nuestro [que estás] en los cielos
>> santificado [sea] el Nombre tuyo
>> venga el Reino tuyo
>> hágase la voluntad tuya
> tal como [es] en los cielos
>> así también en la tierra.

En las peticiones de la segunda parte todo confluye en «nosotros» (-*n*):

> *Havlan laḥma desunqanan yaumana*
>> *washvuq lan ḥaubain waḥtahain*
>> *aikana daf ḥnan shebaqn leḥayavain.*
>> *wela ta'lan lenesyuna.*
>> *ela patsan men bisha.*

---

89. Cf. Teodoro de Mopsuestia, *El padrenuestro, el bautismo y la eucaristía. Catequesis mistagógicas XI-XVI*, edición preparada por F.J. López Sáez, Salamanca: Sígueme, 2021.

Mettul dedilakh i malkutha wehaila weteshbuhta,

le'alam 'almin. Amin

Traducción literal:

Danos el pan de nuestra necesidad hoy

y deja caer nuestras deudas y pecados

como también nosotros dejamos caer [las deudas] de nuestros deudores

[pero no nos dejes caer a nosotros] mientras entramos en tentación

sino líbranos del Maligno.

Porque tuyo es el reino, el poder y la gloria

por los siglos de los siglos. Amén

Merecería la pena comentar palabra por palabra, e incluso sílaba por sílaba, el sentido *literal* de la oración del Señor. Tratándose de las palabras mismas del Señor, que son infinitas y están cuidadosamente elegidas y engarzadas, ¡la letra vale todo el sentido, pues, en el Verbo encarnado, la letra misma es fuente del Espíritu! No pudiendo, por falta de espacio, emprender esta tarea, remito al libro, recientemente traducido, de Joël Sprung, *Nuestro Padre, ese desconocido*, CTEA Ediciones, Madrid 2025. El libro entero es un precioso comentario a la oración del Señor que tiene en cuenta el ritmo y los matices de la versión aramaica del texto de Mateo.

EL PADRENUESTRO EN EL NIVEL DEL *REMEZ* (SENTIDO ALEGÓRICO)

Como ejemplo de un comentario en sentido *alegórico* de las palabras del Padrenuestro, ofrezco un texto de Mar Babai de Nísibe, autor siro-oriental del siglo VI. En la alabanza (Teshbota) antes de la Misa del 2º domingo de Cuaresma, desarrolla del siguiente modo las palabras de la oración dominical, buscando su coherencia teológica, en frases que se entrelazan de modo natural con las expresiones mismas del Padrenuestro. Este es precisamente el sentido de la *alegoría*, la búsqueda de los ecos y reflejos de la palabra sobre la que se hace la *lectio divina* en el conjunto de la revelación, para encontrar la resonancia de la verdad.

Comentario de Babai de Nísibe:

Padre nuestro de los cielos, Tú eres Santo por tu misma naturaleza, haz que aquellos que se inclinan ante ti para adorarte sean dignos de *santificar tu Nombre*.

Que venga tu Reino para nosotros, que nos hemos introducido en un camino que existía ya en imagen en los tiempos antiguos y que ahora ha llegado a su manifestación.

Que cumplamos tu voluntad en la tierra sin tener miedo, *del mismo modo que sucede en el cielo*, donde nadie nos puede perjudicar.

El pan del que tenemos necesidad, dánoslo todos los días, porque la naturaleza de los mortales consiste en estar necesitados en cada momento de este pan.

Ya antes de nuestra creación Tú conocías el mal que está en nosotros. Con todo, Tú nos has creado en tu amor, en tu misericordia que borra nuestros pecados.

Hemos pecado en tu presencia, y hemos pecado contra el otro. Vamos a *perdonarnos* los unos a los otros, y Tú, Señor, *perdónanos* a todos.

Y que *no permanezcamos en las tentaciones* de los demonios y en las pasiones, porque aquellos son unos tiranos, y nosotros somos débiles.

Te suplicamos, a ti, el Misericordioso, *líbranos del Maligno*, porque Tú eres el único que puedes vencer su tiranía.

Porque tuyo es el Reino, y la Presencia, y la Gloria.

Concédenos, por tanto, ser en tu Reino los herederos de tu Hijo el Amado, y con los santos daremos a tu Majestad la Gloria que le es debida ahora y siempre y por los siglos de los siglos.

Amén[90].

El Padrenuestro en el nivel del *Darash* (sentido tropológico, o moral)

El gran maestro de la espiritualidad siro-oriental, Isaac de Nínive[91], proveniente de Qatar, ofrece en la *Tercera colección* de sus escritos, de próxima publicación en lengua española, un precioso comentario ascético de la oración del Señor, integrando cada versículo en el itinerario del combate espiritual propio del cristiano que se consagra a la vida en soledad. Isaac ofrece, de este modo, el ejemplo de un comentario de carácter *moral* o *tropológico* a la oración del Señor. Transcribo tan solo algunos fragmentos[92].

---

90. El texto está tomado de: P. Perrier, Karozoutha *de la Bonne Nouvelle en araméen et évagiles gréco-latins*, Paris-Québec: Médiaspaul-Éditions Paulines, 1996, 389.

91. Para una introducción a su figura y a sus escritos, véase el estudio de Sabino Chialà, que abre la pequeña antología de sus escritos: Isaac de Nínive, *El don de la humildad*, Salamanca: Sígueme, 2006. He publicado recientemente la traducción, con abundantes notas y estudios de amplificación, de las dos primeras colecciones: Isaac de Nínive, *Discursos espirituales. Primera colección. La regeneración del hombre en la misericordia*, Salamanca: Sígueme, 2023; Id., *Discursos espirituales. Segunda colección. El arte del Espíritu: la liturgia del corazón*, Salamanca: Sígueme, 2024.

92. Isaac de Nínive, *Discursos espirituales. Tercera colección*, Discurso 3, *Sobre la oración*, §15-22.

Isaac de Nínive

Tercera Colección, Discurso 3: *Sobre la oración*

15. ¡Oh compasión y grandeza de la bondad de Dios, en la cual [el Señor] introduce a la naturaleza creada! Pero le recuerda también la santidad[93] de la naturaleza divina, aquella naturaleza a la que, por gracia, ha hecho digno de acercarse a la criatura llamada a la filiación. Porque la ha hecho acceder a una tal altura en la santidad (estableciendo también la posibilidad de su comprensión profunda) que aquella naturaleza a la que le pertenece como propia la santidad ha concedido a la criatura, por gracia, cuanto no le pertenecía a esta por naturaleza.

16. A esta misma santidad conviene, entonces, que se conforme la conducta de los vivientes que están sobre la tierra, como Dios dijo a Moisés: *Sed santos, porque Yo soy santo*[94]. Si era requerida de los siervos la santidad, por motivo de la Palabra de Dios que les era dirigida, cuánto más se requerirá de los hijos, desde el momento en que la reflexión a la que invita la oración del Señor hace ascender su mente a aquellas comprensiones y a aquella elevada meditación que convienen a su nuevo estado, por medio de aquellos géneros de peticiones que, conforme a la enseñanza divina, configuran la fuerza de los versículos de esta oración.

17. Lo mismo vale también para el resto de los versículos, en los que se encuentran mociones que nos otorgan nuevas comprensiones sobre otros puntos, en las que se nos muestra: cuánto le conviene a quien tiene un noble origen y se dispone a retornar al Reino que no permanezca anidado[95] en ninguna de las cosas inferiores y corruptas; cómo, perseverando junto a Dios, el pensamiento permanece atado a su amor; y que es justo que los hijos de Dios vean un motivo de vergüenza en el hecho de que su consideración se quede limitada a la tierra y a las cosas que hay en ella.

18. Es por esto por lo que pedimos ayuda a la complacencia de su voluntad, como nos disponemos a hacer, con el fin de que su gracia, que es denominada *Reino*, se incline hacia nosotros, de modo que, percibiéndola por experiencia, olvidemos la tierra y moremos ya en misterio[96] en aquellas realidades mediante una transmigración que nos instruye en la mente sobre la realidad de ambos mundos. De aquí proviene, en efecto, la fuerza por la que somos

---

93. Aquí Isaac comenta las palabras: «santificado sea tu Nombre».

94. Lv 19, 2.

95. O: que no esté en posesión de…

96. También: en símbolo, o místicamente.

transformados y gracias a la cual somos capaces de permanecer en las realidades excelentes. Y así, estando todavía sobre la tierra, mostramos en nuestra existencia el modo de vida del cielo.

19. Y pedimos ayuda también para obtener ánimo y valor de corazón[97], al percibir que hay para nosotros un apoyo que nos conforta y una ayuda, una fuerza del cielo que está cercana de un modo invisible en todo instante y nos socorre, haciéndonos tocar inesperadamente aquellas realidades que elevan la condición de nuestra naturaleza. Y pedimos ayuda para, aunque vivamos en una naturaleza colmada de debilidad, permanecer extraños a las opiniones, emociones y voluntades humanas. Si no fuese así, es decir, si no se diera la posibilidad de que nosotros, por la fuerza del Espíritu, seamos transferidos en instantes privilegiados a aquellas realidades y permanezcamos en ellas, aun antes de que llegue la plenitud perfecta, nuestro Señor, entonces, no nos habría recomendado pedir esto ante el Padre.

20. Por lo demás, dado que aún estamos en la carne, nos enseñó a pedir *lo que es necesario para el día de hoy*[98], porque sin ello ahora no es posible vivir. Y a pesar de que, por motivo de lo que es más excelente y noble, las realidades temporales aparezcan como decididamente superfluas, yo estoy convencido, sin embargo, de que vuestra naturaleza debe pedir estas cosas, pero solo aquello que está previsto que pidáis, y no algo que sobrepase esta medida. Y aun a este respecto, la expresión *danos* nos enseña a poner la confianza en Él, y nos hace comprender que su cuidado para con nosotros llega incluso hasta los más pequeños detalles de nuestra vida. Por medio de semejantes peticiones descubrimos cómo Dios se abaja con solicitud hasta estas realidades cotidianas, para iluminarnos sobre su verdadero significado[99].

21. Y aún de aquí aprendemos que Él deja caer[100] nuestros pecados cuando le pedimos perdón por ellos. Él, así, enseñándonos a presentar la petición del perdón, como quien está persuadido de que esta es la voluntad del Padre, muestra que Dios ama concedernos el perdón. Es el mismo Padre[101] el que dice todo esto; y dice también que es necesario que nosotros ofrezcamos a los otros aquello mismo que pedimos para nosotros, para recibir el mismo tratamiento.

---

97. *lubâbâ*, coraje, valor, de *leb*, corazón.

98. Mt 6, 11, Peshitta: «danos el pan de nuestra necesidad en el día de hoy». Cf. *Segunda Colección*, Discurso 14, 37.

99. Literalmente: «se abaja con solicitud para la aclaración respecto a estas cosas».

100. *shbaq*, vuelve la mano para dejar caer, perdona.

101. Jesús como voz del Padre o como nuestro mismo Padre.

22. Pero, como tenemos que combatir y afrontar tentaciones inesperadas, y muchas otras cosas todavía, dado que la carne está aún sometida a estos movimientos de la tentación, sea a aquellos que provienen de fuera y afligen la carne, sea a aquellos que suceden por una indicación de lo alto[102], es urgente que seamos custodiados en medio de todas estas adversidades. Así, dada la absoluta necesidad de que pidamos por esto, de la misma fórmula de la oración[103] nos viene aquello que nos hace sabios a propósito de estos combates.

23. Así encontraremos refugio en Aquel de quien proviene la salvación[104] para todo aquello que respira en la carne y para aquello que, ya fuera de la carne, se mueve en la vida[105]. Y, dado que es Él quien domina sobre todo y sin Él nada es posible, Él, cuya gloria proviene de su misma naturaleza, y cuyo reinado está por encima de todo, y cuyo poder abraza todos los confines, Él mismo ha querido que, por medio de la fórmula repetida[106] de la oración con la que pedimos aquellas cosas que nos han de ser procuradas por Él, su recuerdo nos acompañe continuamente, para que, por medio de estas reali-

---

102. En la medida en que Dios nos somete a prueba con vistas a un bien mayor. Más abajo (3, 27), Isaac enumera tres fuentes de tentación: la naturaleza, los demonios y los otros hombres; pero en otros lugares habla de tentaciones providenciales (*Tercera Colección*, 8, 3) y, aún más claramente, de tentaciones que vienen provocadas de algún modo por Dios mismo (cf. *Primera Colección* 39, 298-303; 77, 531) o que son permitidas por Él (cf. *Primera Colección* 36, 278-279; 59, 415-416). Por lo demás, en muchos casos subraya la necesidad de las tentaciones en la vida espiritual y los frutos que estas están llamadas a producir (*Tercera Colección* 12, 26; *Primera Colección* 5, 64-65, 67-68; 8, 109; 59, 418; 61, 428-429; *Segunda Colección* 18, 1). En el Discurso 3 de la *Primera Colección*, que trata ampliamente del tema, se especifica, por otra parte, que existe un género de tentaciones, las llamadas «tentaciones del alma», respecto a las cuales conviene orar para que no seamos sometidos a ellas.

103. *sdârâ*, el Seder u *ordo* litúrgico, en este caso la oración del Padrenuestro, compuesta como un conjunto bien ordenado de perlas para ser repasadas e interiorizadas en el sentido que su mismo orden pone de manifiesto.

104. *purqânâ*, la redención.

105. «Todo aquello que respira», *nshamy*, el hombre viviente que ha recibido la *nismat ḥayym* (Peshitta: *nshamtâ dḥayye*) y se ha convertido en *nephes hayya*, cf. Gn 2, 7. Isaac se refiere a los vivos que están todavía en la carne y a los muertos, cuya alma (unida a su espíritu), separada de la carne, permanece en la vida-salvación, *bḥayye*, es decir, en el proceso de regeneración del alma en el *sheol* por la restauración en la misericordia de la memoria espiritual de la persona. Lo que ha muerto, paradójicamente, «¡se mueve en la vida!». Es el Refugio cristológico del *sheol* (cf. 1 Pe 3, 3-4), donde la misericordia renueva la entera historia de las relaciones humanas para preparar la digna asunción de un cuerpo de resurrección.

106. *'skemâ*, fórmula fija para la meditación del Padrenuestro y la incorporación oral en la memoria de la palabra del Maestro.

dades, tengamos acceso a la excelsa nube oscura de su conocimiento y de su amor por los hombres.

El Padrenuestro en el nivel del *Sod* (sentido místico, o anagógico)

Como ejemplo de un sustancioso comentario de carácter anagógico a la invocación de Dios como *Padre* en prolongación de la oración del Señor, contamos sobre todo con la figura preclara de un autor poco conocido en Occidente, pero de una altura de pensamiento y una finura de expresión verdaderamente excepcionales, el místico Juan de Dalyatha[107]. Su obra, elaborada en la primera mitad del siglo VIII, constituye un verdadero itinerario de transformación mística, comparable por su profundidad al itinerario de nuestros

---

107. De este modo presenta Juan María de la Torre, monje cisterciense estudioso de la gran tradición patrística, la figura de Juan de Dalyatha: «Pertenece al círculo de la Iglesia Siria del Este. Oriundo de la población de Armut, hoy Al-Kawashi, en el norte del Iraq actual, en las laderas de las montañas del Kurdistán, durante la primera mitad del siglo VIII. Recibió en su ciudad una formación religiosa en vistas al sacerdocio o de la vida monástica; y como pauta en su exégesis de la Escritura, las directrices de Teodoro de Mopsuestia y Efrén. En los últimos años de su vida laica hacía frecuentes visitas al monasterio de Mar Afnimaran, distante a unos veinte kilómetros de su ciudad, con una cierta reputación de mesaliano. Al final se decidió ingresar en el monasterio de Mar Yuzadaq, en las montañas de Qardu, a este del río Tigris. La mención del maestro de novicios, Esteban, discípulo de Afnimaran, es el único dato que nos permite precisar la época de su vida. Sabemos, por tanto, que fue novicio en 647 o 648; y también que ya había fallecido cuando sus escritos fueron condenados en 786/787, pese a que, al parecer, vivió una prolongada ancianidad, según cuentan; por eso se le conoce también como «Juan el Anciano». Después de un período de al menos siete años, pudo obtener el permiso de su superior para vivir en la soledad. Y así lo hizo en el macizo montañoso del norte de Qardu, en donde se alzan cumbres de unos 3.000 metros. En estas soledades escribió la mayoría de sus cartas y, verosímilmente, sus homilías, destinadas a la instrucción de otros eremitas o de monjes cenobitas. En su vejez se acercó a las montañas de Qardu, más cercanas al monasterio de su cuna monástica, por exigencias de su edad tan avanzada. Pero no pudo evadirse a las presiones de un grupo de monjes que le incitaron a aceptar su responsabilidad como superior de un nuevo monasterio. Y aunque la condena de sus escritos en tiempos del patriarca Timoteo I aconteció después de su fallecimiento, ya en vida se alzaron violentas oposiciones, que reflejan algunas de sus cartas, en torno a la posibilidad de la visión de Dios, de la posibilidad de estados de oración que justifican una cierta libertad frente a las obligaciones del oficio canónico, una concepción [solo aparentemente] modalista de la noción de «Hijo», y sobre todo el estado de las almas después de la muerte y antes de la resurrección general. Cuando murió Timoteo, su sucesor Isho Bar Noun, amigo de los monjes místicos, lo rehabilitó junto con José Hazzaya y Juan de Apamea». *Filocalia de los Padres népticos*, vol. 5, Traducción del griego, introducción y notas de Juan María de la Torre OCSO, Zamora: Ediciones Monte Casino, 2020, 550-551.

grandes místicos españoles, sobre todo san Juan de la Cruz[108]. En sus *Cartas* y *Homilías*, de pronta publicación en español, desarrolla una profundísima mística del Padre[109], que unifica en una visión trinitaria de gran hondura las perspectivas de los maestros espirituales de la Patrística griega y siríaca: Evagrio Póntico, Gregorio de Nisa, los escritos atribuidos a Macario de Egipto, Dionisio Areopagita e Isaac de Nínive[110].

Juan de Dalyatha, Cartas

Carta 4

4. Oh hermano, mientras las pasiones están en el alma, el hombre, dondequiera que se encuentre, es para sí mismo una ciudad repleta del tumulto de un pueblo numeroso. Esta es aquella que David llama *la ciudad*[111], de la que se libró refugiándose en el desierto[112], es decir, en la libertad respecto a las pasiones. Una vez, por tanto, que el hijo de hombre se ha separado de las pasiones, aislándose de ellas como de la ciudad, encuentra junto a Dios la *parresía* que le hace exclamar: *¿Quién será a partir de ahora mi esperanza, sino Tú, Señor?*[113] Y cuando el Bondadoso ve que se ha separado de todo, le hace escuchar una voz que le regocija y le reconforta: «¡Sé fuerte! ¡Ten coraje! No volveré a abandonarte, y no te dejaré de mis manos; y dondequiera que vayas, Yo estaré contigo». Y cuando escucha esto aquel que tenía su sede entre los llantos, prorrumpe en gritos a la manera de un niño, como un pequeñito que ha percibido la presencia de Aquel que le ha engendrado, y exclama: *¡Abba! ¡Abba! ¡Abba!*[114], no encontrando otras palabras en estos momentos.

---

108. Cf. R. BEULAY, *L'enseignement spirituel de Jean de Dalyatha, mystique syro-oriental du VIIIe siècle*, Avant-propos de Antoine Guillaumont (col. Théologie historique, 83), Paris: Beauchesne, 1990.

109. Véase R. BEULAY, *La Beauté de Dieu et le visage du Père chez Jean de Dalyatha*, en AA.VV., *Le Visage de Dieu dans le patrimoine oriental. Patrimoine Syriaque*, Actes du colloque VIII, vol. I, Antélias (Liban): Centre d'Études et de Recherches Orientales - CERO, 2001. Y también el precioso estudio de N. KHAYYAT, *Introduction* a Jean de Dalyatha, *Les Homélies I-XV*, édition critique du texte syriaque inédit, traduction et notes par Nadira Khayyat, (col. *Sources Syriaques*, 2), Antélias-Hadath, Liban: Centre d'Études et de Recherches Orientales – CERO; Université Antonine – UPA, 2007, 13-90.

110. Cf. R. BEULAY, *La Lumière sans forme. Introduction à l'étude de la mystique chrétienne syro-orientale*, Chevetogne 1987.

111. Cf. 2 Sam 5, 9.

112. Cf. 2 Sam 15, 23.

113. Sal 39, 8.

114. Rom 8, 15.

5. Y de ahora en adelante el estado de limpidez[115] le hace permanecer en el estupor, y la gracia suscita en él unos movimientos interiores ininterrumpidos que no se prestan a la composición[116], es decir, para ser concisos, mociones del mundo nuevo, misterios, revelaciones, comprensiones intuitivas y anagógicas[117] relativas a la Esencia divina, cosas, en definitiva, que no está permitido revelar. No se acuerda ya de la existencia que había recibido del mundo, ni de ningún nacimiento corporal, ni de ninguna compañía humana: el amor entrañable[118] de Aquel que le ha engendrado, el Padre de todo, le ha otorgado el olvido de todo por la transformación de sus movimientos[119] interiores. ¡Los que aman han sido unidos a los que aman[120]: grave seriedad para la que ya no hay lenguaje, la de la semejanza con los ángeles de luz y la compañía con ellos…! ¡Oh, qué admirable, hasta causar estupor, es el tierno amor que ellos muestran hacia Aquel que ha sido mezclado con ellos de un modo tan maravilloso y ha reconocido en ellos a sus congéneres[121]!

6. ¡Arde la pluma por la violencia de tu fuego, oh Jesús! Mi mano se ha parado de escribir, y mis ojos han sido incendiados por los rayos de tu belleza. La tierra por la que avanzaba seguro ha sido robada de delante de mis pasos. Mi inteligencia se ha quedado perpleja en el estupor por causa de la maravilla que Tú provocas, y ahora yo me conozco como no siendo ya[122]. Una llama se ha encendido en mis huesos[123], y han brotado unas fuentes para bañar mi carne toda entera, evitando así que se consuma. ¡Oh, horno purificador, en el que el Artesano ha limpiado de toda mancha la obra por él modelada! ¡Oh, manto de luz, que nos ha despojado de nuestra voluntad para que nos revistamos ahora

---

115. *Shapyutâ*.

116. Mociones simples, en el fondo del intelecto, más allá del lenguaje discursivo.

117. *sukâle*.

118. *rehmtâ*.

119. De sus actividades naturales, propias de su condición creatural, que tiene, paradójicamente, su finalidad en ser elevada hasta la filiación divina. La compañía de los ángeles no es la finalidad de la naturaleza humana, sino la divinización. Los ángeles no serán divinizados como el hombre, pero pueden educarle y elevar su condición espiritual, preparándole para su vocación definitiva.

120. *rahme brahme*. También puede traducirse como: «los amigos han sido acogidos en su unidad por los amigos».

121. Literalmente: «hijos de su misma raza».

122. Cf. Gal 2, 20, «vivo yo, mas no yo…». El «yo» psicológico habitual se ha visto recalificado, y Juan se conoce a sí mismo transformado, tras la experiencia de la maravilla del misterio divino.

123. Cf. Lam, 1, 13.

con él en el interior del fuego! Permíteme, Señor, dar lo que es santo[124] a tus hijos; no es a los perros a quienes se lo doy, sino que es a aquellos que te aman a quienes ofrezco las perlas que yo mismo he podido extraer de tu seno, oh Mar glorioso, y no las echo a los cerdos para que las pisoteen con sus pies[125].

7. ¡Gloria a ti! ¡Qué admirables son tus misterios! ¡Dichosos los que te aman con una tierna amistad, porque en todo momento resplandecen en tu belleza, y Tú les otorgas el don de ti mismo! Y este don es la resurrección anticipada[126] de los que han muerto en Cristo[127], de la que habló el bienaventurado Pablo. ¡Dichosos vosotros, oh solitarios (iḥidâye), porque os habéis hecho con el Hijo único (Iḥidâyâ)[128] un solo Hijo de Dios, por la íntima unión[129] con Él! Por eso la revelación de los misterios del Padre está desplegada ante vosotros, y podéis decir con una confiada libertad: *Tenemos la inteligencia de Cristo*[130]; Él ha aparecido en nuestros corazones, *y estos han sido iluminados por la gloria de Dios*[131]. ¡Ay de mí, que, voluntariamente, me he privado de estas cosas en mi propio fondo espiritual[132], y he preparado desde aquí abajo para mí mismo mi herencia tenebrosa!

8. Dios mío, despójame por tu gracia de la túnica de las pasiones, esta *gehenna* tenebrosa, y revísteme con el manto de tu santa luz, que es la misma substancia del mundo nuevo[133], antes de que salga del cuerpo[134]. Dame, Se-

---

124. Esta expresión recuerda las palabras de la mostración de los santos dones consagrados, gesto culminante de la Liturgia Eucarística, que sigue a la recitación del Padrenuestro y precede a la comunión en el rito caldeo, antioqueno, bizantino, etc. Alzando, en efecto, el cáliz y la patena, el sacerdote los muestra cruzados, proclamando: «Los santos Misterios se dan a los santos» (rito maronita); «Lo santo a los santos» (rito bizantino); cf. *Missel Chaldéen*, 106.

125. Cf. Mt 7, 6.

126. Cf. Ef 2, 6; Col 2, 12.

127. 1 Tes 4, 16.

128. El Hijo es el Solitario, el Único, el Exclusivo. Los solitarios se unen a Cristo en «exclusividad» de vida.

129. ḥulṭânâ, mezcla, comunión eucarística y matrimonial.

130. 1 Cor 2, 16. Su mente, *mad'â*.

131. 2 Cor 4, 6.

132. Mi *qnomâ*. Por mi voluntad esclava, no he trabajado para el fondo de mi persona una memoria espiritual. Mi vida psíquica, por tanto, se ha quedado en tinieblas, gustando anticipadamente la *gehenna*.

133. O que es el *qnomâ*, el fondo espiritual que me ha de corresponder en el mundo nuevo, ardiente de la luz divina.

134. Juan pide vivir ya en este cuerpo lo que será el proceso del *sheol* tras la muerte, para anticipar ya la identidad vocacional de la resurrección.

ñor, la belleza de tu visión como alimento, y las revelaciones de los misterios escondidos en el seno de tu Esencia como bebida que regocija[135]. Haz de mí, Señor, un miembro en el cuerpo orgánico de tu Hijo único, y que yo pueda percibir el misterio de la unión contigo, en la medida en que sea capaz mi débil naturaleza.

9. Aplícate, hermano mío, a suplicar noche y día la ternura[136] de tu Señor, y di así: «Padre que eres todo bondad, otórgame tu ternura, aunque yo sea indigno de tu amistad». Por ella, en efecto, todo afecto pasional es eliminado del alma; es ella la que hace perecer a los enemigos y la que procura todos los dones que proceden del seno del Padre. Porque ella es, en efecto, la madre de los misterios nuevos del mundo nuevo; es decir, que por ella Cristo amanece en ti, y el rostro de tu alma resplandece en Él: desde el momento presente Él hace de ti su propia morada, junto con su Padre y su Espíritu Santo[137]. Porque el deseo de Cristo, oh hermano mío, tiene el poder de arrancar vigorosamente del alma el deseo del mundo y todos sus recuerdos[138], de manera que no se ate[139] más que a Dios solo. A Él la gloria, de parte de todos los que le aman, y que Él nos renueve en el gozo de su ternura. Amén.

Carta 27

1. Yo, por mi parte, conozco al Padre en Cristo, su Ungido, y al Hijo lo veo por medio del Espíritu. Fuera de Él[140] no hay para mí ninguna estabilidad, ni movimiento, ni vida, ni percepción. Y cuando estoy absorto en el estado de la maravilla, los veo constituir una lámpara única, y a su imagen[141] yo resplandezco. De este modo, me maravillo de mí mismo y me regocijo espiritualmente por el hecho de que en mí se encuentre la Fuente de la Vida, esa Fuente que es la cumbre del mundo incorpóreo.

---

135. Se trata de una consideración mística de la Eucaristía. Los «misterios escondidos en tu Esencia» constituyen los prototipos divinos de las cosas.

136. La *reḥmtâ*, amor tierno, de amistad y deseo, el único que puede vencer el apego del otro deseo (la misma palabra, más abajo), la afección pasional. En plural, *reḥmte*, indica la misericordia, que consiste en gestos repetidos de ternura.

137. Cf. Jn 14, 23.

138. Es decir, el deseo de Cristo purifica el alma de sus apegos psíquicos, abriéndola a la comunión con el Espíritu y otorgándole una memoria auténticamente espiritual.

139. Los afectos son ataduras y nudos, que solo la obra de la misericordia puede disolver.

140. Parece referirse al Espíritu, que es el último término de la frase anterior, pero el pronombre no está marcado como femenino. Podría, pues, referirse al Dios Trino, conocido de esta manera.

141. O: «a su sombra».

2. Ningún sabio es capaz de explicar este hecho. ¡Gloria a Aquel que hace sabios a los suyos con lo que es suyo y que revela su belleza para la delectación de aquellos que lo aman[142]!

Carta 28

1. ¿Qué tengo yo que te pueda escribir, oh tú, que eres para mí más querido que todo, oh servidor, oh asceta? Lo que a mí me concierne no puede ser escrito, de modo que en el espejo de las palabras aparezca tan solo a los que son puros[143]. ¡Que Él mismo se dé a ver en tu corazón, ahora y para siempre! ¡Que su amor entrañable te vuelva loco y que su belleza te haga arder como brasa!

2. Tú que estás fatigado y agotado por el servicio sagrado[144] de tu Señor, reposa, pues, en este momento tu cabeza sobre sus rodillas y descansa en Él. Abandónate sobre su pecho[145] y amamántate[146] del Espíritu de Vida, para que la Vida se mezcle con la estructura de tu ser. Apóyate en Él, porque Él es tu mesa, y déjate alimentar de ella por su Padre[147]. Purifica tu espejo y, sin ninguna separación, la Luz única se te mostrará en él de manera trina.

Pon todo esto en tu corazón y percibirás que tu Dios es viviente[148].

Carta 36

4. ¡Cierra tus puertas, Jerusalén, para que tu Esposo permanezca en el interior de ti! ¡Mantén las ventanas cerradas para que persista el olor de sus

---

142. De sus amigos.

143. Cf. Mt 5, 8.

144. *teshmeshtâ*, el servicio sagrado, propio del ministerio diaconal.

145. Cf. Jn 13, 23.

146. *suq*, inhalar, aspirar, absorber. La nutrición espiritual por la leche divina es un lugar común en la antigua literatura, repleta de fórmulas bíblicas; señalamos, como ejemplo, las *Odas de Salomón*: Oda 8, 14: «Preparé sus miembros, / y les ofrecí mis pechos, / para que beban mi leche santa y vivan por ella» (habla el Verbo, o el mismo apóstol en su nombre, cf. A. Díez Macho - A. Piñero Sáenz (dir.), *Apócrifos del Antiguo Testamento*, t. III, Madrid: Cristiandad, ²2002, 76-77); Oda 19, 1-4: «Una copa de leche me fue ofrecida / y la bebí con la dulzura de la suavidad del Señor. / El Hijo es la copa, / el que fue ordeñado es el Padre / y el que la ordeñó es el Espíritu Santo. / Porque sus pechos estaban llenos / y no era conveniente que se derramara su leche en vano. / Abrió su seno el Espíritu Santo /y mezcló la leche de ambos pechos del Padre» (*ibid.*, 85); Oda 35, 5: «Fui llevado como un niño por su madre / y el rocío del Señor me dio leche» (*ibid.*, 95).

147. Cf. Evagrio Póntico, *Centurias gnósticas* II, 60.

148. O, según el manuscrito árabe: «que Dios es viviente en ti». Cf. 1 Re 17, 1; 18, 10.

perfumes![149] Porque si abrieras tus puertas y mirases para acá y para allá, lo estarías buscando en vano[150]; bañarás tus mejillas con tus lágrimas y no lo encontrarás; o, si llegas a encontrarlo, será difícilmente, y no con la *parresía*, la libertad llena de confianza que reside en el amor. Guarda, por tanto, tus puertas con vigilancia, para que no se produzca de nuevo algo parecido a aquello que un día te sucedió[151]. Porque si no haces eso, acabarás entregándolo en manos de los impúdicos[152], y entonces mi gozo se cambiará en lamentación. Amigo mío, abrázate a lo que es tuyo y reza para que lo que es mío sea también como lo que es tuyo.

5. ¡Bienaventurado aquel cuyo altar está dentro de él mismo y su Santo de los Santos se encuentra en el interior de sí![153] Allí escuchará las voces de Dios[154], el cual, con un solo movimiento, conmueve y llena de terror a todos los rebeldes. Allí verá la Nube de la luz de múltiples resplandores, y en ella permanecerá escondido de toda vista exterior[155] y de todos los videntes[156]. Este es el Lugar santo, donde el Santo de los santos unas veces se hace visible por la aparición de sus rayos y otras esconde su visión en la tiniebla de su gloria, en aquel espectáculo que sobrepasa toda visión y todo conocimiento[157].

6. Cuando tu corazón se vuelve ardiente, es aquí donde tienes que fijar los ojos. Cuando tus miembros parecen desencajarse por efecto de tan gran ardor, cae allí postrado sobre tu rostro. Sé amigo de proclamar simplemente: «¡Padre!, ¡Padre!»[158], más que de seguir vertiendo en cantidad unas lágrimas que pertenecen a los hijos nacidos del Espíritu: esa sencilla exclamación expresará entonces la libre familiaridad[159] que caracteriza a los perfectos, y esas lágrimas estarán entonces mezcladas con ella aun sin quererlo. Y en el momento en que te sea más dulce la salmodia, te verás sumido en el estupor y en la

---

149. Cant 1, 3.

150. Cf. Cant 3, 2.

151. Jerusalén entregó a Cristo en manos de los pecadores, que lo crucificaron en el exterior de sus murallas (Jn 19, 17).

152. Cf. Mt 26, 45.

153. Es decir, que ha llegado a sustituir su propio yo, sacrificado en el altar del corazón, por el «Yo en Cristo», Cristo-en-mí, que vive en el Santo de los santos como Sumo Sacerdote y único factor de unidad de la persona y de la naturaleza humana.

154. Las «hijas de sus voces», las palabras divinas.

155. De las fuerzas malignas o de los mismos hombres.

156. Cf. DIONISIO AREOPAGITA, *Teología mística* I, 3, en PG 3, 1001 A.

157. Cf. *ibid.*, II, 1, en PG 3, 1025 AB.

158. Rom 8, 15.

159. La *parresía*.

admiración cuando fijes tus ojos en tu Sol que brilla sin obstáculo alguno en ti y en los muros[160] de tu celda. Es el servicio[161] que le complace a aquel que no ha venido para otra cosa más que para servir[162].

Carta 51

2. ¡Bienaventurado aquel que fija continuamente sus ojos en ti, oh mi Paraíso, que te me haces visible en mí! ¡Oh Árbol de Vida, que en mi corazón me inflamas en todo momento del deseo de ti, Tú que transformas mi rostro por la fuerza de tu tierno amor[163] y que haces que mi espíritu se mantenga[164] en la admiración de los rayos de tu belleza! ¡Bienaventurado aquel que te busca en sí mismo en todo momento, porque es de sí mismo de donde fluye para él la Vida[165], para su propia delicia! ¡Bienaventurado aquel que en todo momento porta tu recuerdo en su corazón, porque en él también su alma[166] estará embriagada por tu dulzura! ¡Bienaventurado aquel que fija continuamente los ojos en ti en el interior de sí, porque en él también su corazón será iluminado para ver los misterios escondidos! ¡Bienaventurado aquel que te busca en su fondo espiritual, porque en él también su corazón se volverá ardiente con tu fuego, y su carne arderá junto con sus huesos por su fuerza purificadora!

3. Bienaventurado aquel cuyos pensamientos son reducidos al silencio por la reflexión sobre ti, porque el Espíritu hará surgir en él torrentes de Vida para su deleite: para el suyo propio y para el de quienes están sedientos de tu visión. ¡Bienaventurado aquel cuyas mejillas arden por las lágrimas de tu amor entrañable, porque por sus gotas son humedecidas las tierras racionales[167] que ardieron por el fuego impío, para que ahora produzcan los frutos gozosos que no causan la muerte de aquellos que los consumen! ¡Bienaventurado aquel que mezcla con su sueño el pensamiento sobre ti, porque los demonios que

---

160. Cf. *Homilía* XVII bis, *Fragmento sobre la dulzura*, ms. H, f. 20 b: «Cubre el techo de tu habitación con la efusión de su luz santa, y que sus muros irradien de sus rayos resplandecientes».

161. El servicio litúrgico, *teshmeshtâ*.

162. La misma raíz *shmesh*. Cf. Mc 5, 45.

163. Se trata del amor-*reḥmtâ*.

164. *mqayâm*, se mantenga en pie, la postura del hombre resucitado.

165. Jn 7, 38.

166. El proceso de la comunión con Dios, y de la gracia mística que le corresponde, va ganando en interioridad según el itinerario característico de nuestro místico de Dalyatha, que no es tanto el éxtasis como el *éntasis*, de las dimensiones más exteriores a las más interiores, y viceversa: fondo espiritual (*qnomâ*), alma e interioridad, corazón directivo del pensamiento, carne y huesos: el hombre íntegro en su totalidad de dimensiones.

167. Este adjetivo subraya el significado simbólico de estas tierras a las que se alude.

ensucian a los perezosos con imaginaciones nauseabundas se alejarán aterrorizados de su compañía! ¡Bienaventurado aquel que extiende su lecho en la admiración silenciosa de tus misterios, y en él reposa silenciosamente en la maravilla que estos provocan, porque también de su lecho se exhalará, para el regocijo del corazón de quien es diligente, el perfume de la Vida producido por tu Espíritu Santo, Guardián de la pureza de cuantos lo aman! ¡Bienaventurado aquel que olvida las compañías del mundo y frecuenta la intimidad contigo, porque todas sus necesidades se verán colmadas por ti!

4. Tú eres, en efecto, su alimento y su bebida, Tú eres su gozo y su alegría, Tú eres su vestido y es tu gloria la que recubre su desnudez[168]. Tú eres su morada y la habitación en la que encuentra su reposo, y en ti se introduce en todo tiempo para estar al abrigo. Tú eres su sol y su día, y es en tu luz donde ve los misterios escondidos. Tú eres el padre que lo ha engendrado, y como un niño él clama hacia ti: ¡*Abba!*[169]. Tú le has dado el Espíritu de tu Hijo para que inhabite en su corazón[170], y Él le ha dado la *parresía* necesaria para implorar de ti todo lo que es tuyo, como un hijo a su padre. Es contigo con quien en todo momento conversa en su intimidad, porque fuera de ti no conoce padre alguno[171].

5. Tú estás unido a su alma, Tú estás mezclado con sus miembros, Tú brillas en su espíritu y cautivas su intelecto para que se maraville de tu visión. Tú acallas los movimientos de su alma por la vehemencia de tu entrañable amor, y transformas el deseo de su cuerpo por la grandeza de tu dulzura: él huele tu olor santo como el niño que respira el olor de su padre, y el olor de tu gracia se exhala de su cuerpo como se exhala del niño el olor de su nodriza. En todo momento lo consuelas con tu visión; cuando come, él te ve a ti en su alimento; cuando bebe, Tú resplandeces en su bebida; cuando llora, Tú apareces en sus lágrimas. Cualquiera que sea el lugar hacia el que dirija su mirada, él te ve allí, de manera que desde todas partes Tú aumentas su felicidad y no hay nadie que no lo tenga por bienaventurado, fuera de aquel que está absolutamente privado de toda bienaventuranza.

6. Señor mío y Vida mía, el frecuentar tu intimidad ha cautivado mi pensamiento, porque fuera de ti no hay nadie con quien pueda entrar en tan estrecha relación. ¿Qué haré? ¡Mi alma tiene sed de ti, mi carne te desea[172]! Pero

---

168. Cf. 2 Cor 5, 3.

169. Rom 8, 15.

170. Rom 5, 5.

171. Mt 23, 9.

172. Sal 63, 2.

la posibilidad de ascender hacia ti no se encuentra más que en la relación contigo, y la visión de tu Rostro no es dada más que meditando sobre ti.

7. Mi mano es incapaz de dibujar tus misterios por medio de figuras: como un sabio lleno de buen ánimo y confianza en sí mismo, me acerco para escribir y, al final, los dibujos que he trazado me hacen aparecer como un pobre hombre que no sabe nada. Por tanto, voy a acercarme personalmente a ti y a deleitarme yo mismo en ti, porque no he podido comunicar a los otros por la pluma la delectación que Tú causas. Pero *¿quién podrá subir a tu montaña santa*[173] para contemplar tu belleza gloriosa, oh Luz desbordante, que irradias múltiples resplandores y bellezas maravillosas, que dejas presos de admiración a los que te ven, que reduces al silencio a los que te conocen porque no hay semejanza para expresar tu Semejanza, y que haces que se queden sin percepción los intelectos maravillados que se entregan con empeño a la búsqueda de tu visión? Aquí son suprimidos el conocimiento de los que conocen y la visión de los que ven por la inmensidad del conocimiento y la fuerza con la que sumerge en un estado de suprema admiración la visión verdadera[174].

8. Y porque la vista no puede expandirse en esta luz, obstaculizada por sus irisaciones resplandecientes, dicen que Tú eres nubes y tiniebla[175], y que *unas nubes luminosas te rodean*[176] e impiden a la vista de aquellos que te aman mirar inmoderadamente[177], buscando ver tu Naturaleza escondida. Te llaman también Mar: un Mar que es la fuente de todos los mundos y que sustenta todo lo que ha sido creado, que contiene y esconde todo en el abismo de su inmensidad, que da en sus aguas libre campo a los nadadores y que permite a los seres ligeros lanzarse a sus olas para purificar en ellas su belleza. Te llaman también Aire, Efluvio de la Vida de esa totalidad constituida por el universo, y Soplo: porque van y vienen en tu seno sin que su marcha encuentre obstáculo; aunque en realidad no son ellos los que te atraviesan y se abren un camino en ti como en el aire, sino que eres Tú quien se expande en su interior

---

173. Sal 24, 3.

174. Se trata, por tanto, del traspaso a un modo nuevo de conocimiento y de visión, por una transformación espiritual que re-cualifica al sujeto humano, capacitándolo para llegar, a través del simbolismo de las imágenes del mundo, interpretadas por la Escritura, a la presencia de las realidades divinas, los prototipos incognoscibles de las cosas en la Esencia de Dios.

175. Alusión al simbolismo bíblico, recogido por Gregorio de Nisa y Dionisio Areopagita; cf. *La vida de Moisés; Teología mística.*

176. Sal 97, 2.

177. «No secretamente», abiertamente.

sin impedimento[178], de manera que puedan circular en ti de acá para allá en tu misma expansión en ellos, no obstaculizada por nada.

9. Te comparan también con el fuego, porque este da sin sufrir disminución, limpia sin mancharse y, a pesar de que todo hombre, en el lugar concreto en que se halla, no lo encuentra más que parcialmente, para todo hombre él está también allí todo entero, con la potencia de su íntegra naturaleza: el hombre toma de él todo lo que precisa para satisfacer sus necesidades y, si lo alimenta abundantemente, el fuego muestra entonces el vigor de la operación de toda su potencia, reunida en su conjunto.

10. Es así, oh Tú que eres bondad, como estás en todos aquellos que te aman con tierno amor: ellos te encuentran en la región de la maravilla inefable[179], en la gloria del esplendor de tu Belleza, en la fuerza inconmensurable de tu Naturaleza, en el conocimiento —que lo transciende todo— que ellos tienen de ti; y aquellos que te aman te encuentran también todo entero, con todo lo que te pertenece: en cada uno de ellos Tú estás enteramente presente para él, aunque ninguno sea capaz de poseerte en tu entereza. ¡Gloria a tu Totalidad que abraza y contiene todas las totalidades, sin que estas la puedan a su vez totalizar!

11. Tú eres también el Padre de los seres racionales nacidos de tu Espíritu. Este es llamado «Engendradora», en femenino[180], por el hecho de que Él los ha engendrado a todos para este mundo, con el fin de que también ellos engendren hijos para su mundo[181]. Pero el mismo Espíritu es «Engendrador»,

---

178. Juan de Dalyatha matiza muchísimo las imágenes, para evitar toda impresión de salida del hombre fuera de sí. Su camino es el de la interioridad, cada vez más profunda, hasta encontrar a Dios y las realidades divinas en el fondo mismo del alma, atravesando su misma identidad.

179. Los substratos del encuentro con Dios mencionados aquí corresponden al encuentro parcial con el fuego material: la infinitud de la Naturaleza divina trasciende siempre aquello que entrega de sí misma al conocimiento y a la percepción espiritual, aunque esto colma ya el deseo del hombre. Pero del mismo modo que si se alimenta abundantemente el fuego este muestra toda su potencia, así el encuentro con Dios, aun permaneciendo «parcial», crece indefinidamente en intensidad.

180. Del mismo modo que Eva; cf. Gn 3, 20. El autor se apoya sobre el hecho de que el vocablo *ruḥâ*, espíritu, normalmente es femenino en arameo, y lo es siempre cuando designa en concreto al Espíritu Santo.

181. Para este mundo humano, el mundo de los hombres aquí abajo, en el ciclo de la creación. La maternidad, femenina, es símbolo de lo puramente humano, asumido aquí como analogía de la fecundidad del Espíritu. Para nacer al mundo venidero como hijos de Dios, fuera del ciclo creatural, es necesaria la paternidad del único Padre, que se hace también efectiva por la obra del Espíritu. El Espíritu Santo, por tanto, es quien lleva a cabo las

por el hecho de que Él mismo habrá de engendrar para su mundo plenamente viviente a los seres racionales, que ya no engendrarán más[182]. Y del mismo modo que los niños pequeños se alimentan de su madre y es gracias a ella como pueden crecer, asimismo quienes han nacido de tu Espíritu mamarán la vida de tu seno en el mundo que no conocerá fin[183].

12. Y del mismo modo que los hijos se asemejan a quien los ha engendrado, así también los hijos que te vienen de tu Espíritu son transformados en tu Semejanza (tu Hijo), no según la naturaleza, sino según la gloria[184], y Tú haces coherederos de tu Hijo[185] a aquellos que han perseverado en tu heredad. ¡A

---

obras de Dios, tanto en el ámbito humano (creación y providencia) como en el ámbito divino (elevación, filiación y divinización).

182. Cf. Lc 20, 35-36.

183. Simbólicamente, tanto Dios Padre como el Espíritu asumen en el mundo nuevo una función de engendramiento; a ambos se les adjudica así la imagen paterna y la materna. No se trata de una confusión de las Hipóstasis divinas, sino de la transparencia de la una en la otra. En Juan destaca la reflexión, no por inusual menos interesante, sobre la función de transparencia recíproca entre el Padre y el Espíritu, la reflexión sobre el «Espíritu del Padre». Cf. JUAN DE DALYATHA, *Homilía* VIII, 1: «Señor nuestro Jesucristo, Tú, a quien tu misma misericordia te ha enviado a nuestro mundo para la salvación de nuestro género humano, haz surgir el sol de tu conocimiento en el intelecto de los que te buscan, para que puedan avanzar sin tropiezo por el sendero de tu luz, hasta que encuentren su reposo en el puerto de tu gloria, para gozar allí de tu belleza que brota siempre nueva, junto con los servidores de tu ser escondido, aspirando sin fin la Vida de tu seno. Amén» (*Les Homélies I-XV*, 201). Toda la acción de Dios respecto al hombre parece, pues, concentrarse y culminar en el Espíritu. Citamos, de esta misma *Homilía*, el § 5: «Ni siquiera el mayor de los jefes de los ángeles de luz puede decir la modalidad y la especie de esta visión, y es imposible que se la hagan conocer mutuamente, o que traspase entre sus mismos coros, ardientes de fervor por la luz y el Espíritu de Vida; pero esta visión brilla en el interior de cada una de las hipóstasis santas de los seres espirituales por el Espíritu que todo lo lleva a perfección, y cada una recibe en su intelecto su vista y su certeza sin la mediación de su compañera. Este es el lugar del Mundo Nuevo, y es de las manos del Espíritu Santo como ellas reciben aquella visión, como sucederá [respecto a nosotros, los hombres] a partir del momento de la transformación que está por venir, donde no habrá ya fuera de Él ningún intermediario entre el mismo Espíritu y los que reciben sus dones. Él mismo es el que da, y Él mismo es recibido. Él es quien hace aparecer, y es Él mismo el que aparece ante la vista de aquellos que lo aman. Es Él quien se abaja en su amor, y es Él mismo quien es acogido por los intelectos luminosos: es decir, que es Él quien aparece en ellos, desde el interior, y hace ver su belleza a aquellos que lo aman, en el mismo interior de ellos» (p. 203).

184. No según el ciclo creatural, sino conforme a la vocación sobrenatural. El Hijo sigue estando en el centro de la semejanza divina, entre el Padre y el Espíritu.

185. Rom 8, 17.

ti la gloria, oh Todopoderoso[186], Padre de todo, que has hecho sabia nuestra ignorancia por la sabiduría de tus misterios, por los siglos de los siglos! Amén.

Juan de Dalyatha. Homilías

Homilía VI

1. *Oración.* Oh Verbo-Mesías[187], Vestido del que el Padre se reviste, Tú en quien la visión de los seres racionales[188] encuentra el reposo después de todos sus trabajos, en el acabamiento y la plenitud que constituye para su búsqueda incansable la vista de tu Padre, que está escondido en ti[189]: haz brillar tu Luz en el intelecto de aquellos que te buscan, para que en ella puedan ver tus mis-

---

186. También: «Tú que lo sostienes todo en tus manos».

187. *meltâ mshiḥâ*. Palabra de la intimidad divina manifestada y encarnada en la persona y los gestos del Mesías, el Ungido, el Cristo.

188. *damlâye*, los seres dotados de palabra, términos de la relación de Palabra que constituye a los hombres en humanos.

189. El Padre está en el interior del Verbo-Cristo. Comenta R. Beulay: «Si todas las cosas pueden hacer conocer a Dios en su Gloria, esto vale sobre todo de la Humanidad de Cristo. Se puede incluso decir –y en esto Juan de Dalyatha es fiel a un eje de pensamiento fundamental en la teología siro-oriental– que no puede haber visión acabada de la Gloria de Dios más que contemplándola sobre el Rostro de Cristo resucitado o, mejor, proveniente de las profundidades de este Rostro. Pero este no es una pantalla, porque el Rostro de Cristo no es solamente portador de la Gloria divina, sino que Él mismo es glorificado y hecho totalmente transparente a la Gloria que brota de Él. (...) Todo esto podría conducir a una situación estática una vez culminado el movimiento de ascensión hacia la fuente de la Gloria (que Juan de Dalyatha identifica con el Padre invisible). Quiero decir que podría culminar en una detención, si es posible definitiva, en la cima; primero la comprensión de los símbolos bíblicos, después la visión de la gloria de Dios sobre el Rostro de Cristo, y finalmente el contacto con la transcendencia del Padre invisible en la tiniebla de la ignorancia, según una estructura tomada de Dionisio Areopagita. Pero aquí aparece la originalidad de la síntesis de Juan de Dalyatha. A la luz de su experiencia, Juan habla de una especie de ir y venir continuo, en la misma cumbre de la ascensión espiritual, o de una especie de centelleo ininterrumpido entre la visión de la Gloria de Dios sobre el Rostro de Cristo y el contacto con la Naturaleza del Padre en la Ignorancia y la Tiniebla» (*Le Visage divin: Connaissance et inconnaissance de Dieu chez les Pères syriaques*, 16-17). Como afirma Nadire Khayyat: «La alternancia entre visión de la gloria divina sobre el Rostro de Cristo y el contacto oscuro con la Esencia del Padre se efectúa según dos dimensiones: una dimensión horizontal, como el centellear de una llama o el de una estrella, y una dimensión vertical, según la cual visión luminosa y contacto oscuro se sumergen progresivamente en el seno de la Divinidad y se hacen cada vez más intensos. (...) Para Juan de Dalyatha, la alternancia luz-tiniebla no cesará nunca y habrá, incluso en la eternidad, un progreso incesante en esta alternancia» (*L'importance de 2 Co 3, 18 et 4, 6 dans la mystique syro-orientale*, 215). Cf. *infra* § 22 y *Homilía* 11, 12.

terios, que están escondidos en la profundidad de tu Sabiduría, aquellos misterios que es imposible encerrar en imágenes dibujadas y en signos escritos[190].

(…) 3. Cuando, al comienzo, la gracia desciende[191] sobre el solitario, produce en él unas percepciones, unos estados de reposo[192] y unas consolaciones desconocidas. Después, poco a poco, hace progresar su intelecto, por los estados de reposo, las visitaciones, las visiones que producen estupor y las revelaciones, hasta que sea establecido en la Nube de la Luz esencial, lugar desde el cual ya no hay ningún traspaso, y vea en ella los rayos de Luz que, provenientes de la Esencia, brillan sobre él, de modo que por ellos se vuelva resplandeciente. Con ellos se eleva, y en ellos se adentra[193] día tras día, según su celo y su observancia, de gloria en gloria por medio del Señor Espíritu[194], en la transformación que asimila a la forma de aquel que es sin forma[195], por la unión y la mezcla perfecta[196] con Dios, y por la visión y el conocimiento de su

---

190. *ṣurâtâ wrushme*, dibujos e incisiones.

191. En general, el verbo *aggen* se emplea para expresar el «descenso» de la gracia del Espíritu Santo, por lo cual puede aplicarse a la encarnación, al descenso del Espíritu sobre Jesús en el bautismo, a la epíclesis eucarística y a la presencia consiguiente del Verbo en el pan consagrado. En este último sentido, el término *magganutâ* designa el «descenso» del Espíritu Santo en la misa siro-oriental sobre las ofrendas para comunicarles la gloria de la Resurrección. Comenta P. Bettiolo: «el verbo *aggen* (recubrió, protegió, habitó) recorre en la versión siríaca de dos importantes versículos del Nuevo Testamento: en Jn 1, 14 (*y habitó entre nosotros*) y Lc 1, 35 (*la potencia del Altísimo te recubrirá*). En particular con referencia a este segundo lugar, en la literatura espiritual de Siria (*¡sic!*) este verbo asume, también por influjo de los textos pseudo-macarianos, un sentido técnico ligado a la operación del Espíritu sobre la persona singular y en su interior», en ISACCO DI NINIVE, *Discorsi spirituali. Capitoli sulla conoscenza, Preghiere, Contemplazione sull'argomento della gehenna, Altri opuscoli*, trad. y ed. P. BETTIOLO, Magnano BI: Qiqajon, 1985, 195-196, n. 4. Sobre el empleo místico de esta palabra, cf. S. BROCK, *Magganuta: a tecnical term in East Syrian spirituality and its background*, en *Mélanges Antoine Guillaumont* (Cahiers d'Orientalisme 20), Genève, 1988, 121-129.

192. *nyâḥe*: estados de profunda paz, anticipos del estado interior del alma cuando esté anclada en Dios.

193. *met'alâ w metgawâ*: es elevado y penetra en el interior; expresión característica del progreso incesante en la unión con Dios.

194. Cf. 2 Cor 3, 18.

195. Literalmente: «la transformación que asemeja a la semejanza (*dmutâ*) de aquel que es no semejante». «Sin forma» subraya la expresión evagriana de aquello que sobrepasa toda forma mental (*dlâ dmu*).

196. *ḥulṭânâ dmirâ*: expresión de origen estoico, probablemente transmitida a Juan de Dalyatha por los escritos macarianos. Esta «mezcla» tiene en la mística siro-oriental connotaciones matrimoniales y eucarísticas. Cf. ISAAC DE NÍNIVE, *Tercera Parte, Discurso* I,1: «La vida de los solitarios es más elevada que el mundo de aquí, y su conducta se asemeja a la del mundo futuro. En efecto, no toman mujer ni marido; y en vez de aquel cara a cara hacen

gloria que trasciende los mundos y es vista y conocida por medio del no-ver y de la ignorancia[197].

(…) 15. Es el lugar en el que sus habitantes respiran el Espíritu[198]; su intelecto ha cesado de obrar con sus propios movimientos, y el Espíritu deletrea[199] en él sus secretos. Es el lugar límpido y bellísimo, llamado la «Luz sin forma»[200]; es aquí a donde el Espíritu invita a entrar al intelecto diligente, porque los movimientos de sus facultades de visión se han fatigado en fijar la mirada para ver a Aquel que está en todo y en el que todo está. Y cuando se acerca a la oración ve el resplandor de su propio fondo espiritual[201], mientras brilla sobre su alma la belleza de su propia naturaleza[202]: ella se ve a sí misma tal como es, y ve la luz divina que brilla en ella y la transforma a su semejanza[203]. Así, la semejanza de su propia naturaleza es apartada de delante de su vista, y ella se ve como semejanza de Dios, por estar unida a la luz sin forma, la cual es la Luz de la Trinidad que brilla en el fondo de su substancia personal[204]. Y el alma se sumerge en las olas de la belleza de la Santa Trinidad, y permanece por largo tiempo en el estupor. Y una y otra vez es transformada de visión

---

experiencia en todo momento de la unidad (*ḥulṭânâ*) con Dios en la oración, por medio del verdadero icono del mundo del más allá», Isacco di Ninive, *Terza Collezione*, (Ed. Sabino Chialà), CSCO, *Scriptores Syri*, 246, Louvain: Peeters, 2011, 3.

197. Expresiones dionisianas.

198. El Soplo Santo del Padre. Cf. *Homilías* I, 8; VI. 23; VIII, 5, 15, 16.

199. Raíz *mll*: repetir con los labios, decir.

200. Paralelo en las *Centurias* de Yauseph Hazzaya, *Centuria* V, 80: «Sobre la tierra de este lugar aparece continuamente la luz sin forma, es decir, el cielo espiritual que se manifiesta en el corazón, del cual dijo el bienaventurado Evagrio: 'En el corazón puro es visible un cielo nuevo que tiene figura de fuego: este es el lugar espiritual'» (G. Hazzaya, *I Capitoli di conoscenza. Centurie I-V*, Testo siriaco e traduzione italiana di P.R. Pugliese, *Patrologia Orientalis*, t. 58, fasc. 3, nº 255, Turnhout/Belgique: Brepols, 2023, 824-825). Sobre la derivación evagriana de este concepto, y su contexto en la tradición espiritual que confluye en la mística siro-oriental, véase R. Beulay, *La Lumière sans forme. Introduction à l'étude de la mystique chrétienne syro-orientale*, Chevetogne 1987.

201. De su *qnomâ*.

202. Primera contemplación en el «lugar» de la Luz sin forma: la visión de la luz del alma. Para Evagrio, esta visión se sitúa ya en la cumbre, y es prácticamente indiferenciable de la luz de la Santa Trinidad (*Antirrh.* VI, y *Suplemento* a las *Seis Centurias*, 21, 25 y 26). Pero para Juan de Dalyatha se trata aún del principio, una serie de traspasos sucesivos «de una luz a otra luz mejor» (*Homilía* VI, 16); sin embargo, todo lo que ha de seguir se efectuará en la profundización del reflejo de la luz divina sobre la luz del alma, la cual, cada vez más, se irá alargando, como consecuencia de su unión con Dios, hasta la dimensión del mismo conocimiento divino (cf. *Homilías* VIII, 13 y XI, 13).

203. Cf. 2 Cor 3, 18 y 4, 6.

204. En su *qnomâ*.

en visión, y efectúa en un solo instante partidas innombrables, de estupor en estupor[205].

Homilía VIII

7. A veces el Espíritu, su guía, atrae al intelecto y lo sumerge en el Mar de la Luz esencial[206]. Un hermano me decía: «Cuando brilla sobre mí la misericordia del Padre y arrebata mi intelecto hacia aquella visión gloriosa, yo veo cómo mi intelecto, antes de ser absorbido por el estupor y el no saber, y antes de quedar atónito fuera de sí, se regocija en el Mar de vida: bañándose en las olas de la luz[207], se sumerge, vuelve a emerger, aspira el perfume de la Vida, y queda en el estupor, y asciende saltando, se posa, resplandece, bracea enardecido en la efusión de la grandeza de este Mar, y exulta, se cubre de luz, el fondo de su ser[208] está efervescente de dilección y de gozo, despliega las alas y vuela sin encontrar límite, se adentra profundamente en la gloria del Mar, es transformado en la semejanza de su resplandor maravilloso[209], ve aquí a los ángeles[210] de luz resplandecer de manera inefable, se dilata y se yergue con ellos y en ellos, y proclama el «Sanctus» en la admiración.

8. «Después el Mar lo arrebata para que se adentre penetrando en las alturas en la Luz santa, y es recluido en ella como en una montaña de luz de múltiples resplandores; y allí se queda extasiado por la visión del Bello reves-

---

205. *tmihe*, estupefacientes. Comenta Beulay: «[L'âme] plonge alors dans les vagues de cette lumière, puis s'arrête dans la stupeur : processus de pénétration et d'immobilisation qui se renouvelle indéfiniment et dans lequel l'esprit, parfois, effectue 'd'innombrables departs' dans l'espace d'un court instant. Jean exprimant ainsi le caractère frémissant ou les palpitations vibrantes de l'élan par lequel l'esprit s'enfonce continuellement dans la vision de la gloire de Dieu, comme pourraient aussi l'évoquer – en s'inspirant d'images éparses dans ses écrits – les battements d'ailes d'un oiseau ébloui au cours de sa montée incessante vers le soleil», R. BEULAY, *L'enseignement spirituel de Jean de Dalyatha, mystique syro-oriental du VIIIᵉ siècle*, Avant-propos de A. GUILLAUMONT (col. Théologie historique, 83), Paris: Beauchesne, 1990, 297-298.

206. Quizá una reminiscencia del «mar de cristal» de Ap 4, 6 y 15, 2.

207. El siguiente paso es un mimo lírico del ritmo del que nada, de sorpresa en sorpresa, por entre las olas del mar de la misericordia paterna, el *Paternale lumen* de SAN IRENEO, *Adversus Haereses* IV, 20, 5. Cf. A. ORBE, «Visión del Padre e incorruptela según San Ireneo», en *Gregorianum* 64 (1983) 199-240.

208. El *qnomâ* que es sostenido por las olas, bailando a su ritmo y jugando con ellas, rebosante de *reḥmtâ*, amor de dilección, puro deseo divino incorporado a las propias entrañas.

209. Cf. 2 Cor 3, 18.

210. La visión de los ángeles es la condición para la audición auténtica de su «Sanctus», cf. *Homilía* III, 12.

tido de luz[211], prisionero de la gloria del Altísimo. Todas las cosas son para él como si no existieran, y él mismo ya no se conoce. ¡He aquí al alma que ha muerto a todas las cosas para que el Padre de todas las cosas la resucite por la contemplación de Él mismo!».

CONCLUSIÓN

Baste con esta pequeña antología de los autores siro-orientales para mostrar la riqueza de sus reflexiones. De la letra escueta del Padrenuestro han sabido desarrollar, hasta una profundidad verdaderamente sorprendente, todos los sentidos de la palabra revelada, desde el literal hasta el más alto de todos, que nos hace penetrar anagógicamente en la experiencia mística.

Espero poder ofrecer, con la próxima publicación de estos textos, una base para que otros emprendan por su cuenta la tarea de recibir y asimilar esta riqueza proveniente de iglesias que, a pesar de los avatares de la historia, tienen su origen en la primera evangelización de los apóstoles, y son herederas de su lengua y su mentalidad semitas.

Pero el valor de estos textos no se agota en su carácter teológico. Pienso que las más altas reflexiones de Juan de Dalyatha, que versan sobre la Luz de la persona (de las personas divinas, de la persona angélica y de la persona humana) y sus juegos de infinitas transparencias en el interior del corazón, merecen un comentario filosófico que esté a la altura de la experiencia mística que los textos transmiten. Propongo un trabajo de profundización en este tema de la luz personal y las elevaciones espirituales de transparencia en transparencia, tan bellamente tratado por el místico siro-oriental, comparando[212] sus etapas de crecimiento y sus términos antropológicos orientales con las expresiones, muchas veces misteriosas, de Leonardo Polo en su *Antroplogía trascendental*[213]. Seguramente que uno y otro, el místico y el filósofo, Oriente y Occidente, se iluminarían mutuamente, abriendo perspectivas insospechadas

---

211. El Bello (el Padre, el Altísimo) está revestido de luz: véase la expresión «Verbo-Cristo, *Vestido del Padre*» (*Homilía* VI, 1). Que el Bello sea el Padre está confirmado por las menciones del *Altísimo* al final del parágrafo.

212. Como punto de partida para esta comparación, son de gran utilidad las reflexiones sobre la transparencia del núcleo personal que desarrolla M.V. CADAVID CLAUSSEN en su tesis doctoral: *En busca del sentido personal desde la Antropología trascendental de Leonardo Polo*, Madrid: Editorial Sindéresis, 2021.

213. L. POLO, *Antropología trascendental*, Obras Completas vol. XV, Pamplona: EUNSA, 2016. Agradezco al profesor Juan Fernando Sellés el esfuerzo por profundizar en las implicaciones teológicas del pensamiento de Leonardo Polo, y sus invitaciones a desarrollar el tema sondeando los escritos patrísticos en general y los textos inexplorados de la espiritualidad de los Padres.

y riquísimos temas para enseñarnos a superar el límite mental, poniendo el pie, desnudo de conceptos pero rico en experiencia, en la realidad inabarcable de la vida del (E)spíritu.

Francisco José López Sáez

Universidad Eclesiástica San Dámaso

Seminario Diocesano de Ciudad Real

fjose.lopezsaez@sandamaso.es